同盟国タイと駐屯日本軍

―「大東亜戦争」期の知られざる国際関係―

吉川利治 著

雄山閣

タイ語版「推薦文」――吉川利治氏と「敗者」の歴史――

タンマサート大学元学長
チャーンウィット・カセートシリ

歴史研究というものは奇妙なもので、「偽り」と「真実」とが入り交ざっており、あるときは「真実」が七で「偽り」が三、また別のあるときは「真実」が三で「偽り」が七ということもある。それは歴史を書く者・語る者が誰であるかということにかかっている。さらに奇妙なことに、歴史は多くの場合「勝者」によって語られ記述されてきた物語であり、敗者側の視点から書かれたり、語られたりすることはまれである。このことは、連合国側が勝者で枢軸国側が敗者となった第二次世界大戦についてもあてはまる。

興味深いのは、悲惨で多くの損失を出したあの時代においても、私たちのタイ国は得たものもあって、「損得相半ば」であったということである。ピブーン政権期のタイ政府が枢軸国側に入り、連合王国（イギリス）とアメリカ合衆国に宣戦布告をするにいたっても、プリーディー・パノムヨンに率いられた抗日地下活動の「自由タイ」運動によって状況は改善し、敗戦国になることはなかった。

それゆえ、第二次世界大戦期の歴史学・歴史研究は、しばしば「自由タイ」側の視点からその多くが語られ説明されてきた。タイ国を「危うく」敗戦国にしてしまいそうになった側、つまりピブーン元帥側は、た

著者（左）とチャーンウィット・カセートシリ氏（右）

とえ戦後ラーマ八世の不明な横死事件をきっかけにクーデターによって政権に返り咲いても、第二次世界大戦期のタイの歴史記述については言葉に窮し黙ってしまうか、語ったとしてもその多くが「言い訳」になってしまった。

いずれにしても、第二次世界大戦前から戦中にかけてのタイ日関係は、特別な、そして深遠な関係であった。一九三二年の立憲革命以降のタイは「ナショナリズム（民族主義）」の時代に入り、新しい指導者たちにとっては、「新体制」を支える基盤づくりとともに、高貴な者（*cao* = 王族）や華人系タイ人を抑え、彼らの影響力を低下させることが重要であった。

そのことが、当時のタイ政府を日本の方へ大きく傾斜させ、王族や「旧体制」が容認し付き合ってきたイギリス、フランス、アメリカ合衆国など欧米諸国との距離をとらせた。そのため失地回復と「大タイ領土」（*maha anacak thai*）の拡大を目指す第一期ピブーン政権は、フランス領インドシナに狙いを定め、タイを支援する日本はフランスにシエムリアプ（後にタイ政府はピブーンソンクラーム県に地名変更）、バッタンバン、シーソーポン、チャンパーサック、サイブリー（後にこれらの地はラーンチャーン県に地名変更）といった「モントン・ブーラパー（東方州）」の領土をタイに返還するよう仲裁をした。

これらのことは、一九四一年一二月八日の日本軍による侵攻、同年一二月二一日のエメラルド仏寺院におけるピブーン首相と在タイ日本大使との間で調印されたタイ日同盟関係の樹立、一九四二年一月二五日にタイ政府が連合国側に宣戦布告するに至る以前の歴史的背景である。

このタイ史にとって非常に重要な時期を、大阪外国語大学（現大阪大学）タイ語専攻の名誉教授である吉川利治氏が、タイ側の「一次」資料（バンコクの国立公文書館所蔵）に加え、日本側の回想録、さらにタイ人・日本人・欧米人の研究を博捜して考察・分析し、その成果を『戦争期日タイ友好協定』［タイ語版書名の直訳］として出版されることを大変うれしく思う。

本書は四章からなり、日本がタイを同盟国として関係を取り結ばねばならなかった理由や必要性について言及し、この同盟関係が日本側の政策に合致していたのかどうか、合致していればどのように合致していたのか、また五万の兵力の日本軍がタイに駐屯していたときに日本は条約や協定に従ってなにをタイに要求したのか、タイはそれに応じたのか、独立と国家の威信を維持するためにどのような「策略」をとったのか、などを明らかにしている。

日本はタイに対して禁止をしたり強制をしたり、あるいは交換条件や便益の供与によって歓心を買おうとした。例えば、日本はタイに、ケントゥンやムアン・パーンなどのビルマのシャン州の一部やクダー、プルリス、クランタン、トレンガヌのマレー四州を与えたが、その見返りはなんだったのか。また、日本軍がタイをはじめ東南アジア地域に駐屯している間に、日本政府は現地での食糧調達の指針を出しており、特にタイからどのような方法でどれだけの米を調達したのか。さらに、一九四一年から一九四五年の三年間余、タイに日本軍が駐屯していたときに、日本軍とタイ政府の調整・交渉を行なうためにどのような組織が設立され、タイ国が戦後に「戦争犯罪人」として扱われないようにするうえで、これらの組織が関与したのか、あるいはどのように機能したのか。

本書で考察されているこれらの点は、第二次世界大戦期の知られざる本質であり、本書は大変興味深いこれらの論点を深く分析した初めての著作である。本書は、第二次世界大戦期のタイ日関係を再検討するうえで学術的に非常に高い価値を有するもので、この時期の両国関係の要点の理解を促すものである。

タイ日修好一〇〇周年にあたる一九八七年に吉川利治氏が石井米雄氏との共著で出版した『日・タイ交流六〇〇年史』〔講談社〕は、すでにタイ語に翻訳されており、タイ日関係史研究では必ず言及される基本的文献として、タイの読者に大いに歓迎された。それから二〇年が経ち、タイ日修好一二〇周年の年に、第二次世界大戦期のタイ日関係を深く考察する『戦争期日タイ友好協定』が出版される運びとなった。

この二つの著作以外にも、吉川利治氏はタイ国、タイ日関係についての研究業績が多数あり、例えば『泰緬鉄道』〔同文舘、一九九四年〕（タイ語版は一九九五年）、『タイの事典』〔同朋舎、一九九三年〕の編集、『アユタヤ *Discovering Ayutthaya*』の日本語翻訳〔タイ国トヨタ財団、二〇〇七年〕など、学術的に大変価値の高い研究を残しており、氏の研究は「日出る国」（日本）の学界でも広く引用され、高い評価を得ている。

タイ日修好一二〇周年の機会に、日本の最先端の研究者によって書かれた研究成果がタイ語に翻訳され出版されることを大変喜ばしく思い、この翻訳書に推薦文を寄せることを大変光栄に思う。「タイ研究」に真摯に取り組んできたひとりの日本人研究者によって提示された、もうひとつの次元の資料にタイ人読者が触れることができることは大きな喜びである。

タイ語版著者「まえがき」

私の研究対象は、タイと日本との交流の歴史であった。とりわけ日本が開国した明治時代と、タイの近代化が始まるチュラーロンコーン王の時代の交流に関心があった。この時代の両国の交流については、タイと日本の資料によってすでに『タイ・日関係六〇〇年』（タイ語版）の中で、タイの読者にも紹介した。また、タイの蚕業顧問となった日本人たちについては、日本語、タイ語の論文で発表してきた。その後の時代を追っていくと、両国の大きな関わり合いは、第二次世界大戦、日本が「大東亜戦争」と呼んだ時期にあった。

日本のアジア侵略は一九世紀末に始まり、欧米に半世紀遅れをとった「帝国主義」の進出といわれているが、東南アジアに急に関心を持ち始めたのは、それから半世紀後の一九三〇年代になってからであった。日中戦争でアメリカ合衆国、イギリスとの対立が深まり、日本国内の資源不足が次第に深刻になっていた。日本軍の東南アジア進攻は、東南アジアでの資源獲得のための侵略であった。それを日本は「自存自衛」のためといい、「大東亜新秩序建設」を名目にした。また「アジアの解放」をスローガンに、東南アジアにある欧米の植民地に進攻していったが、当時のタイは東南アジアで唯一の独立国であった。日本がタイを占領すれば、大義名分は崩れることになる。しかし、イギリス領ビルマやイギリス領マラヤに進攻するには、軍事上タイを通過せざるを得なかった。タイは日本軍の進駐から、なんとしても独立を維持しなければならない立場にあった。日本はもちろん、このことは承知のことであった。両国がこの時期に展開した動きは、他の東南アジア諸国の場合と同じであったのだろうか。そこが最大の疑問であった。

タイと日本との関係がこの時代にどうであったのか、それを明らかにしようと、タイと日本の双方の資料を用いて探求してみた。タイ国立公文書館の公文書が詳しく記録しておいてくれたお陰で、私は先に著書『泰緬鉄道』をタイで仏暦二五三八年（西暦一九九五年）に出版できた。

それ以前の関係とその後の関係については、次の論文で発表してきた。今回、それらの論文をまとめて、一冊の本にしてマティチョン出版社から出版していただくことになった。タイに関心のある読者に読んでいただく機会ができて、ことの他うれしい。しかし、これで全てが明らかになったわけではない。道半ばであるが、とりあえず、ここまでわかったと、報告しておきたかったのだ。

第一章「タイ国ピブーン政権と太平洋戦争」『東南アジア研究』（京都大学東南アジア研究センター）一九巻四号（一九八二年三月）、三六三〜八七頁。

第二章「日タイ同盟下のタイ駐屯軍」倉沢愛子編『東南アジア史のなかの日本占領』早稲田大学出版部（一九九七年）、四一七〜五〇頁。

第三章「タイ駐屯日本軍による米の調達」『上智アジア学』（上智大学アジア文化研究所）一七号（一九九九年）、一七〜三二頁。

第四章「忘れられた対日協力機関—日本軍の進駐とタイの対応—」『南方文化』（天理南方文化研究会）二八輯（二〇〇一年一一月）、一〜二二頁。

本書の翻訳を担当していただいたのは、タンマサート大学教授アートーン・フンタンマサーン氏である（第二章の一部はニパーポーン・ラッタパタナークン氏による）。アートーン氏は上記二著書の翻訳にも加わっていただいた。タイでは、ほぼ半世紀にわたってお世話になっている親友である。さらに、タンマサート大学元学長チャーンウィット・カセートシリ博士に推薦の辞をいただいた。本書にとって、これ以上の名誉なことはない。厚く感謝する。

最後になったが、公文書の閲覧を許可していただいたタイ国立公文書館に厚く感謝する。タイ国立公文書館の公文書は、タイの現代史を知る資料としての重要さはもちろんであるが、当時の日本や日本軍を知る歴史資料としてもまだまだ探ることができる貴重な資料である。私にはもうその機会はなさそうであるが、若い研究者に今後を期待したい。

同盟国タイと駐屯日本軍―「大東亜戦争」期の知られざる国際関係―／目次

第一章　ピブーン政権と日本

はじめに

「タイ尽し（阿呆多羅経、盆踊の唄）」　退屈生

目出た目出タイ此タイ国で
二千六百年のタイ鼓を叩き
音頭とるとは目出タイ話
タイの暑さはタイ層のものと
かねて大タイ聞いてはいたが
タイ変ダイ事なお国と聞いて
タイしたことはない此タイ国へ
われもわれもとタイ勢渡る
東亜共栄新タイ制で

タイしたもんだよ南へ展びて
そんなにお金をタイ層溜めて
一タイ全タイどうする積り
タイ抵のところでタイ度をきめて
身タイ大事にタイ切にして
タイ変暑いが住むタイ国だ
タイた御飯の白さを見やれ
タイ平楽に暮らせる国は
今じゃ南じゃタイ国ばかり
ヨイヨイヨイトナー

この戯れ唄は一九四一年（昭和一六年）に、タイに在留していた日本人が余興に作ったものである。この年の一二月八日に「大東亜戦争」（あるいは「アジア太平洋戦争」）が始まり、タイにも五万の日本軍が陸路から海路から進駐してくる。各句に「タイ」「タイ国」と歌いこんだタイは、二年前の一九三九年六月二四日に国名を「シャム」から「タイ」に改称していた。「シャム」「暹羅」は古くから知られていたが、「タイ」は日本人にはまだ耳慣れぬ国名であった。

そして一九四〇年一一月、日本では紀元二六〇〇年を祝う記念式典が国中で繰り広げられた。日本ではイギリス領ビルマ（現ミャンマー）やマラヤ（現マレーシア・シンガポール）攻略への拠点となるタイが急に重視し始められ、それまで「タイしたことはない」と思っていたタイが「タイ変ダイ事なお国」と急にもてはやされるようになった。「東亜新秩序」「大東亜共栄圏」が提唱されて、タイに渡って行く日本人の数が急増していた。「タイ平楽に暮せる」はずのタイが、「大東亜戦争」に巻き込まれ、連合国軍（連合軍）の空襲に遭い、「タイた御飯の白さ」を誇っていた米も、日本軍の米の調達で食糧不足を経験し、四年間の日本軍の駐屯で激しいインフレに見舞われた。

タイにとって、外国の軍隊が四年近くも国内に駐屯していたという事態は、史上未曾有の経験であった。当時の日本軍将校と民間タイ人との交流を描いた小説『クーカム（縁の仲）』（和訳の題名は『メナムの残照』）は、テレビドラマで数回、映画も二回上映されたことからも、その衝撃は測りしれないことがわかる。その小説の内容は、嫌っていた日本軍の進駐であったが、日本軍の将校がタイ人女性を見初めて結ばれ、日本軍将校は戦死して終わる。男は強い日本軍のイメージであり、か弱い女性はタイである。双方は結ばれるものの、結局は男が戦死して、悲劇で終わる。歴史事実を甘美な悲恋小説に仕立てている。女流作家の著者は幼い頃に汽車の中で日本兵と出会って、抱きあげられたことがあると、筆者に語っていた。この小説から、集団としての日本軍の怖さと日本兵個人の優しさに出会ったタイ民間人の印象がうかがえるし、その体験は欧米の植民地下にあった他の東南アジア諸国とはかなり異なるものである。

タイ側で日本軍の進駐を歌った戯れ歌も残っている。

二千四百八十五年　日本軍がシャム湾へ
戦地へ行くと　タイ国越えて

ロンドン目指し　通してくれと
頼み込んでは　突っ込んできた
船は狭い海峡へ急ぎ　曲がりくねってさらに入り
舳先は両岸裂け目に沈む
頭の弱いキャプテンは　船を操る術も無く
波の間に間に　入ったり出たり
舳先は浅瀬に　また乗り上げて
狭い運河が　船体を挟み　［以下略］

二四八五年はタイで用いられている仏教暦で、西暦一九四二年をいう。日本軍の船団がシャム湾（タイ湾）を横断し、南タイのチュンポーン、ナコーンシータンマラート、ソンクラー、パッタニーなどに上陸したのは一九四一年一二月のことであったが、年末でもあり、次の年と思い込んだのかもしれない。この歌は、マラヤ、ジャワに源を発する南タイの名物影絵芝居「ナンタルン」を上演するときに、フシを付けて語られる話のひとつである。日本の軍艦を題材にした語り物はまだ他にもある。南タイののどかな漁村に、突如出現した日本の軍艦数十隻は、南タイの人々にとって忘れ難い光景であったのだろう。もっとも、この詩句はタイ語で「ボット・アッサチャン」（魔訶不思議の句）と呼ぶ、濡れ場を比喩で表現しているのである。

ともあれ、東アジア、東南アジア全域を巻き込み、「大東亜戦争」へと突入する情勢下に、東南アジアでは唯一の独立国であったタイが、進出を謀る日本にいかに対処し、どう行動し、どんな感情を持っていたのか、タイは他の東南アジア諸国とは全く異なる立場にあった。本章では一九三二年（昭和七年）の立憲君主革命以降、特に人民党から生まれたピブーン・ソンクラーム（以下、ピブーンと略称）政権と日本との関係の中で、ピブーンが何を考え、どのように国を動かそうとしていたのか、とりわけタイの資料、文献、研究論文の中に、ピブーンの言動を拾って考察する。

1　タイの立憲君主革命と日本

一九三一年（昭和六年）九月一八日に日本が起こした満洲事変と、一九三二年六月二四日にタイで起きた立憲革命とは、アジアの両隅で発生した、見たところ何の関係もない事件であるが、この二つの事件が奇妙な関係を持ち始め、両国を太平洋戦争の同盟関係へと導いていったのである。

タイの革命は、ヨーロッパ留学帰りの少壮軍人や中堅官僚により起こされた立憲君主革命であった。人民の主権を謳い、国の経済は人民政府が管理するという、進歩的な理想を掲げて始められた革命であった。ところが革命後の初代首相に選ばれたのは、心理的にも姻戚関係でも王族とつながりの強い旧守的人物プラヤー・マノーパコーンニティターダー（略してプラヤー・マノーパコーン）であり、外務大臣は絶対王制時代の大臣プラヤー・シーウィサーンワーチャーであった。対日関係では人民党から信頼されていた官僚貴族プラヤー・インタラーウィチットが駐日公使として派遣された。駐日公使の派遣の目的は特に日本の発展をつぶさに観察して、日本側の指導者と親密な安定した関係を保つことであった。英米に対しては、従来の駐英公使を駐米公使に、駐米公使を駐英公使に移すにとどまっていたのに対し、革命政府は対日関係重視の態度を示していた。

革命翌年の二月二四日、スイスのジュネーブで開催された国際連盟臨時総会において、日本軍の満洲撤退勧告案が四二対一で採決されたとき、革命政府から派遣されたタイ代表がただひとり棄権票を投じて、各国代表を驚かせた。従来、いかなる国際会議においても、タイは英米諸国に追随迎合するのを常としていた。当時の駐タイ公使矢田部保吉が再三再四にわたってタイ外相を往訪し、外相より「暹羅国ハ東洋ノ一国ナレハ日支両国何レニモ味方シ得ス、又敵トモ為シ得ス　仍テ同国代表ハ満洲事変ニ関スル国際連盟ノ表決ニハ棄権スヘシ」との言質を取り付け、早速、日本の外務省へ事前に打電しての結果であった。

立憲革命を企てた人民党は、国王や王侯貴族から政治の実権を奪い、主権在民を確立しようと、政界から王族や貴族を追放したが、その背後に控えて行政を実質的に動かしていた欧米人顧問を排除しないことには、政治の実権を掌握したことにはならなかった。また、人民党内部の文官派を代表するプリーディー・パノムヨン（当時は欽賜名のルアン・プラディットマヌータム）が起草した「民族経済計画案」で描いた如く、政府の管理による経済運営を革命政府が実行するなら、タイ経済を牛耳ってきた華僑勢力やイギリス資本の企業と対立せざるを得なくなるはずであった。

矢田部は一九〇七年に初代駐シャム公使稲垣満次郎の下で書記官を務めたことがあり、一九二八年七月以来、駐シャム公使を務めていた。矢田部は稲垣と同様に、「欧州諸国勢力殊ニ英国ノ同国［タイのこと］ニ於ケル牢固タル勢力ヲ幾分ニテモ減殺スルコトヲ目的トセラレ」、日本の技術と資本によるタイの経済開発と、日タイ間の通商関係増進を画策していた。そして、タイ側もまた日本の力を借りようとしていた。

プラヤー・マノーパコーン内閣は組閣以来、次第に旧勢力に迎合するようになり、立憲君主制を確立しようとする人民党とは合わなくなった。一九三三年六月一九日夜半、陸軍中佐プラヤー・パホンポンパユハセーナー（以下、プラヤー・パホンと略称）、陸軍中佐ルアン・ピブーンソンクラーム（以下、ピブーンと略称）らはクーデターを起こし、プラヤー・マノーパコーンを内閣から追い出し、プラヤー・パホンが首相に就任した。クーデター直前、ピブーンらは人を介してひそかに在タイ公使館に接近し、日本側より挙兵に必要な武器供給を受けたいと、要請してきていた。矢田部は極めて慎重な態度をとり、クーデター後に援助を申請するよう回答した。そして六月二〇日、プラヤー・パホンらはクーデター本部のあるパールサカワン宮殿に矢田部を招いて会見し、日本の助力を要請した。新しいプラヤー・パホン内閣では日本側の希望を容れ、親日家プラヤー・アピバーンラーチャマイトリーを外務大臣に任命した。矢田部はさらにタイの経済開発のため、日本人経済顧問を経済省で任用するよう働きかけたが、タイ側はこれを断った。タイとしてはせっかく外国人顧問を排除して、タイ人による政治、行政を目指していた矢先であったからであろう。ただし、日本の技術で棉の増産をはかり、生産棉を日本側に供給する目的で、農学博士三原新三を経済省に雇い入れた。また、農業経済学教授を日本から招聘したいというタイ側からの希望で、九州帝国大学農学部助教授伊藤兆司が派遣され、タンマサート大学で二年間教えた。

タイ政府は海軍拡大計画をたて、一九三五年、海軍司令官ルアン・シントゥソンクラームチャイ自らが訪日し、軍艦二〇隻を日本に発注した。翌年には内務大臣プリーディーも訪日していた。

革命以後、日本の民間企業のタイ進出が顕著になった。一九三三年には三井物産がバンコクに出張所を開設すると、次いで三菱商事も出張所を開設した。一九三五年一〇月には、横浜正金銀行がバンコク支店を開設して、タイでの日本の商業経済活動が本格的になってきた。確かに、革命後のイギリス、アメリカの勢力は下り坂になって、日本の勢力が反比例して増大した。従来からの英米の勢力を排除し、タイ人による実権掌握を目指す民族主義の台頭であり、さらに、在タイ華僑による日貨排斥運動、抗日戦基金募金に示された、中国本土の民族運動に連動した華僑の民族運動に対する反発がまじり合った民族主義でもあった。そこに、英でも米でもない中国でもない、タイから期待されながら日本という新勢力が入りこんでいく余地があった。

2　ピブーンの民族運動

一九三七年、プリーディーは完全な互恵主義に基づく平等条約への改正を手がけ、一二月には日本をはじめ欧米主要一五か国との間に、新たな友好通商航海条約を締結した。これでタイは国際的には完全な主権を回復した。しかし、国内では、未だ完全な権力を掌握するに至っていなかった。

一九三七年九月の国会解散の後、一二月一六日に新国会議員が選出されると、ピブーンが首相に選ばれた。ピブーンは一九三九年より六月二四日の革命記念日を国の祝祭日とし、当日、次のような演説を行なった。

今日、われわれの社会の商業や職業は全て外国人によって占められています。彼らはわれわれタイ同胞をいかようにも従わせるほどの勢力を持っています。このような情況を、子や孫の代に至るまで放置しておいてよいものでしょうか。純粋のタイ民族の血を持つ愛国者なら、等しく許せないと考えるでしょう。われわれタイ人の気骨として、われわれは誰にも隷属したためしはありません。それ故、私がタイ人同胞にお願いしたいのは、このような国家の重荷を適当な時期にすっかりなくすのに、協力してほしいのです。それでこそ、われわれはタイ人として生まれ、タイ国を商業や職業で救い、わがタイ人に利益をもたらすことになるのです。いまこそ、われわれは我が国で商売を営む外国人と競争を始めねばなりません。［中略］しかし、成功させるためには、タイ国がタイ人自身を助け、タイ人が作り、売り、われわれタイ人がまず買わねばなりません。タイ産品を愛用（ニヨム）しなければなりません。

ここでいう外国人とは華僑であり、華僑の手から商業、経済活動を取り戻すことを、ナショナリズムのまず当面の目標とした。ピブーンは一九三九年に「タイ米穀株式会社」や一九四一年に「タイ・ゴム株式会社」など、多くの国営会社を設立し、国の基幹産業をタイ人の手に取り戻そうともくろんだ。また一九四〇年には商業登記法を発布し、商店に登録税を払わせ、一九四一年には職業保護法を発布して、外国人とくに華僑の商業活動を排除しようとした。先の国際連盟でのタイが棄権した表向きの理由は、タイ国内で華僑問題を抱えているから、ということであった。

3　「愛国信条」（ラッタ・ニヨム）の発布

一九三九年六月二四日の革命記念日には、タイの文化を改善するため、国家の基本理念となって実行されるよう、「愛国信条」（ラッタ・ニヨム）第一号を発布した。

この第一号では、国名、民族名、国籍名を従来の「シャム」（Siam, Siamese）から「タイ国」（Thailand）「タイ」（Thai）に改称した。理由は、本来、タイ人は「タイ」と自称していたからであり、「シャム」は本籍不明の名称である、「タイ」には独立民族の意味がこめられている、というのである。しかし、「シャム」は古来チャオプラヤー川の流域を呼んだサンスクリット語源の雅号であり、「シュリーヴィジャ」「ドヴァーラーヴァティ」「カムブージャー」「シュリークシェートラ」などと同様に地域名であった。それをアユタヤ時代から国名として外国で呼ばれていたのである。絶対王制下で国名を「シャム」としていたのを、「タイ」と改称するのは、絶対王制下の国家とは異なるということを強く意識させるものであった。さらに後の失地回復運動の際の「汎タイ運動」（Thai Ruam Thai, Pan-Thai Movement）となって、タイ国境外のタイ系民族に、タイ族の同胞であると呼びかけるのに、効果をもつことになる。

「ラッタ・ニヨム」はその後、一九四二年一月二八日の第一二号まで断続的に公布された。一九三九年七月三日の第二号は国家に及ぼす危険の予防、八月二日の第三号は北タイ、東北タイの住民であれ、南タイのムスリム（イスラーム教徒）であれ、全て「タイ」と呼び、種族によって区別しないことを公にした。九月四日の第四号では国旗、国歌、国王賛歌に敬礼すること、一一月一日の第五号ではタイ国産品の愛用、一二月一〇日の第六号では国歌改正、一九四〇年三月二一日の第七号では国民全てが就労し、国家建設にあたること、四月二六日の第八号では国王賛歌の改正、六月二四日の第九号ではタイ語に誇りを持ち、全ての国民がタイ語を読み、書き、話せるようにする、一九四一年一月二五日の第一〇号では公共の場、人の集まる所では身なりを整えて出る、九月一二日の第一一号では日常生活を規律正しく送ること、最後の一九四二年一月二八日の第一二号では子供、老人、身障者をいたわるのが文化である、と説いている。

第一号から第一二号まで、なぜ一気に発布しなかったのか、三年にまたがりだらだらと発布される愛国信条は、思いつきの印象を与えてしまうが、少なくとも第九号までの「ラッタ・ニヨム」の内容は、国名を「タイ」に替え、「タイ」の名のもとでの国民統合、国家への帰属意識の高揚を意図していた。従来、東北タイや北タイの住民は「ラーオ」と呼び、話す言語を「ラーオ」語と呼んで、中央部の「シャム」人と区別していた。「シャム」という呼称を全国に及ぼすよりは、共通の民族名称として「タイ」を国名に、「シャム」語を「タイ」語と呼んで、フランス領インドシナの一部となった「ラオス」と区別する意味もあった。南タイのマレー系イスラーム教徒もまたイギリス領マラヤのマレー人から切り離し、違いを示さねばならなかった。そこで名付けたのが「タイ・ムスリム」という呼称であった。そして第一〇号以降では、国民の日常生活を規律あるものにし、文明化あるいは文化の向上を目指そうとするものであった。

4　インドシナ国境紛争と日本の調停

一九三九年（昭和一四年）九月一日、ドイツ軍がポーランドに侵入し、二日後、イギリス、フランスがドイツに宣戦布告して、第二次世界大戦が始まった。ピブーンは「どちらについても何の利益もない。かつてわが国は名声を求めて参戦［第一次世界大戦のこと］したことがあるが、いまやわが国には全て揃っている。

例えば、裁判自主権、関税自主権、平等条約等々。そこで従来からの政策である中立政策をとるのが最も相応しいと考える」と述べ、九月五日にタイはいちはやく中立を宣言した。第一次世界大戦への参戦は、欧米列強の心証を良くして、タイを縛っていた諸条約を改正するのが目的であった。フランスは開戦直前の八月に、駐タイ公使ポール・レピシエ Paul Lepissier を通じて、タイとの不可侵条約締結を要請してきた。フランスはタイに隣接するフランス領インドシナが気懸かりになっていた。翌一九四〇年六月一二日、タイは英仏とはバンコクで相互不可侵条約を結び、同日、日本とは東京で友好和親条約を結んだ。日本はわざわざ〝不可侵〟の言葉を避け、さらに英仏との不可侵条約とは無関係という立場をとって、英仏とは締結日を同日としながらも、調印を東京で行なった。

ところが調印二日後の六月一四日に、フランスのパリはドイツ軍に占領された。パリが陥落すると、日本はベトナムのハノイから重慶にいたる蔣介石政権を支援する援蔣ルートを停止せよ、という重大要求を、有田八郎外相が在日フランス大使に突きつけた。

九月二三日には中国の南寧から鎮南関を通過して、中村明人中将の率いる部隊が北部ベトナムに進駐し始めた。日本はインドシナにおけるフランスの領土主権を認めながら、軍事上の便宜供与を受けるという協定に基づくものであった。中村がトンキン地方のランソンで入城式を行なった翌日の九月二七日、ベルリンでは日独伊三国同盟が結ばれていた。

一方、タイはフランス領インドシナの事態を見ながら、フランスとの不可侵条約議定書に盛られた国境画定のための代表を送るよう、フランスを促した。ピブーンは閣議で、「われわれタイが自分の失った領土に関心を示さず、フランスが日本にインドシナを与えるのをみすみす見過ごせば、政府がぼんやりしていたというかどで、次代の若い人たちに責められるだろう」と語って、八月二日にフランス公使を呼んで、国境画定のための代表派遣を促した。

当初、国境画定で問題になっていたのは、メコン川をフランス領としていたのを、国際法に則って、メコン川の最深部を国境として書き換えるだけであった。フランスは逆に不可侵条約の批准を早急に終えるように促してきた。タイは英米の公使を呼んで、タイの失地回復に関する本国政府の意向を打診するよう要請した。両国とも、むしろタイの野心をなだめ、現状維持を説いた。しかし、ピブーンはこれに満足せず、九月八日、バンコクの住民に失地回復のデモを起こさせた。インドシナの主権がフランスから日本に変わる前に、かつてタイが支配していたラオス・カンボジアをフランスから取り戻しておこうと判断した。フランスは批准交換を経ずに、不可侵条約の即時発効を要請してきた。ピブーンはそれに対して、九月一一日付覚書で、「メコン川の北からカンボジア国境までを、両国の国境とし、ルアンプラバーンの西岸、パークセーの西岸を返還することによって、条約を発効させる」と回答した。従来とは異なる領土を要求して、強気の態度を示した。ここでいう「メコン川の北」とは、フランス領インドシナとタイとの国境となっている、タイ最北部のチエンコーン付近をいう。

ピブーンは国内向けに、広報局のラジオを使い「マン・チューチャート氏とコン・ラックタイ氏の対談」(「マンコン」とは「堅固な、不動の」「チュー・チャート」は「民族発揚」の意味)という番組を組ませ、連夜、タイの失地回復の正当性、タイ系民族が祖国タイに移住した場合、援助を惜しまない、という内容のことを対談形式でラオス住民に呼びかけた。タイ側の宣伝は、メコン川沿いのラオスの住民にはかなりの効果があった。彼らは対岸のタイへ常日頃から往来していたからである。

国民には失地回復という名分で世論に訴え、タイの独立維持のためには「タイ」という民族名で版図拡大をはからねばならないと説き、国際的には「タイがタイを糾合する」(Thai ruam Thai)という「汎タイ運動」(Pan-Thai Movement)を巻き起こした。日本がフランス領インドシナの主権を奪うなら、タイの方がかつてのタイ領をフランス領インドシナから返還してもらい、日本の進出を阻止するという、正当な理由があると、抗日の姿勢も見せて、仏英米を説得した。しかし、これはピブーンの版図拡大の野心と、仏英米は見ていた。

一九四〇年一一月二八日、フランスの空軍機五機が越境して、メコン河畔の町ナコーンパトムを爆撃したとして、タイ空軍も報復爆撃をして、インドシナ国境紛争が始まった。タイ陸軍は翌一九四一年一月五日、カンボジア国境アランヤプラテートからカンボジアに侵攻した。海軍は一月一七日、日本製の新鋭砲艦トンブリー号を差し向け、フランス軍艦ラ・モット・ピケ号と交戦、トンブリー号は座礁、他の水雷艇二隻も砲撃で破壊され、タイ海軍は大損害を蒙った。

タイの形勢不利と見たピブーンは、国際貿易局長ワニット・パーナノンを首相密使として、その夜、急ぎ二見甚郷《じんごう》公使を訪問させ、イギリス公使がフランスとの調停役を申し出ている、と伝えた。二見は一月二一日にタイからの公式の調停依頼文書を受け取った。フランスは一月二四日に非公式に調停を受諾し、一月二八日に両軍は停戦した。

5　失地回復を喜ばぬタイ

一九四一年二月二日から東京で調停会議が開始された。タイ側が一八九三年の砲艦外交でやむなく手放した地域の領土返還を要求したため、会議は難航した。約一か月後の三月一一日、タイ首席代表ワンワイタヤーコーン親王（プラウォーラウォンター・プラオンチャオ・ワンワイタヤーコーン）はやっと日本の調停案に応じた。ワンワイタヤーコーン殿下は東京からのラジオを通じて、「フランスから取り戻した領土はたいしたものではない。アジアの平和のためということで、タイ側は同意を迫られたのである」と不満げに述べた。バンコクにいた外務副大臣ディレーク・チャイヤナームも日本の報道員に「タイが得た領域はフランスに奪われた領土の八分の一にすぎない」と、取り戻した領土の少なさに不満を表明していた。タイ人の脳裏には、ラオス全土を属領にしていた一九世紀の時代の版図が描かれていたのである。フランス領インドシナからの失地回復にしては、余りにも小さすぎる感じがしたのである。タイは勝者のつもりであった。まして、フランス兵捕虜を身近に見たタイ人は、かつての日露戦争再現の如く、アジア人が西洋人を克服したかのような感情を持っていた。「もはや西洋人は思っていたような神のような存在ではない」（Farang mai chai thewada yang thi khoei nuk）という言葉を流行らせていたという。フランス本国はこのとき、ドイツの占領下にあり、フランス領インドシナといっても、〝本国無き植民地〟の状態であった。

インドシナとの国境紛争直前、ピブーンは失地回復運動についてながながと演説して、最後に、私は同胞諸君にしっかりと心に留めておいてほしいことがあります。それは、われわれのタイ国は文明

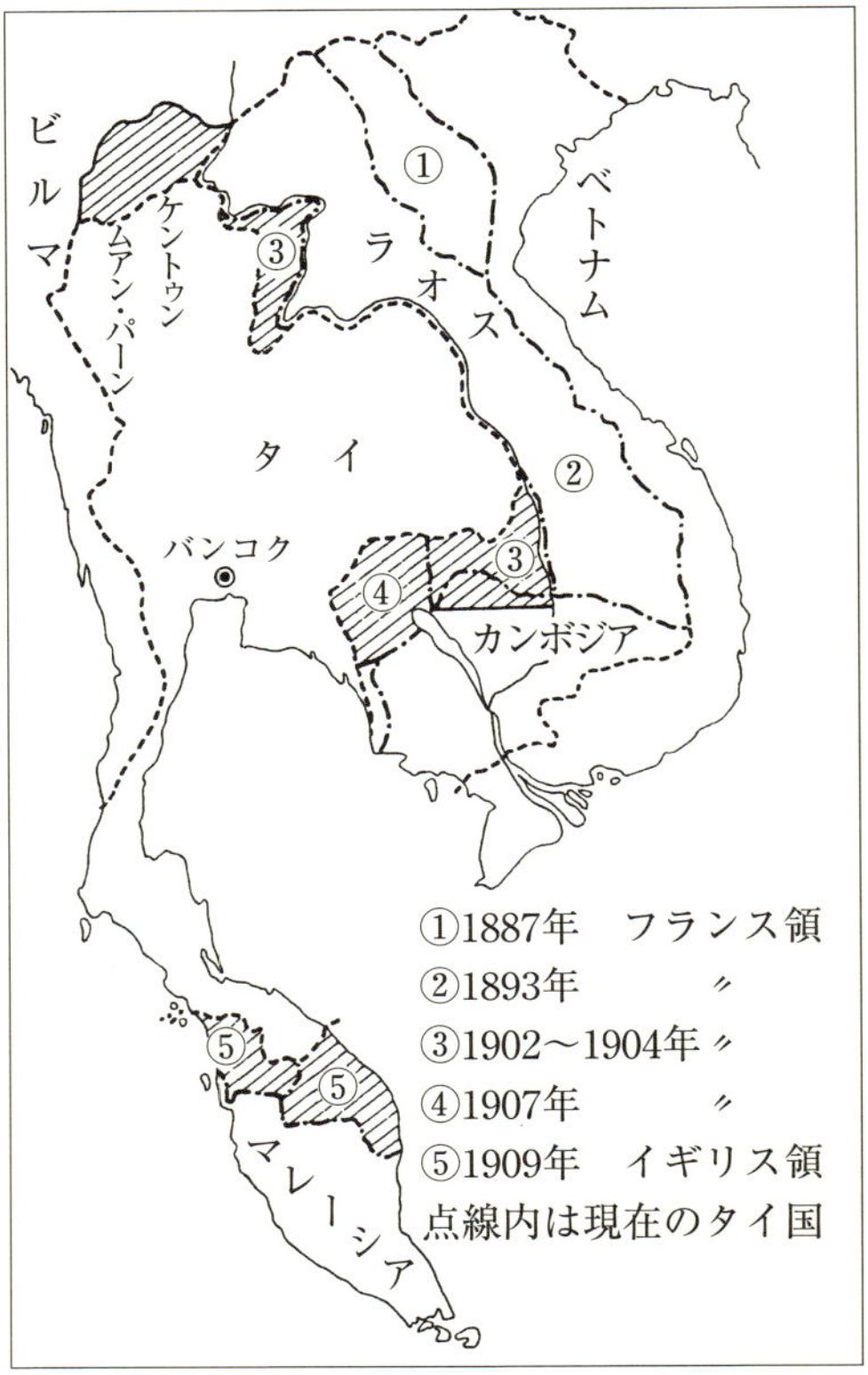

図１　19世紀末〜20世紀初めのタイ領失地図と1941〜1943年に取得した領土図（斜線部分）

国（Araya prathet）であるということです。タイ国民は文明人（Arayachon）になったのであります。われわれひとりひとりが、あらゆる面において文明人にふさわしく自己改革をしなければなりません。例えば人の集まる場所での服装などです。そして、われわれは国産品を使用しなければなりません。タイ人は文明人としてふさわしい身なりをしなければなりません。

と述べている。この服装の件は三か月後に「愛国信条」第一〇号となって発布される。半裸で集まってくる民衆にまずシャツを着せ、外見から変えていこうというのである。国産品の使用を訴えているが、当時のタイで国産といえば、米を代表に農産品であり、機械類はもちろん日用雑貨のほとんどが輸入品であった。国産品愛用と言われても、とても無理な話であった。

フランス領インドシナとの国境紛争は、今まで小国扱いされて、軽視されてきたタイが、威信を高めるチヤンスであった。相手の弱みにつけこんででも、対等の扱いを受ける絶好の機会であった。そして西洋人、すくなくともフランス人を打ち負かしたと思うピブーンの感情が、文明国、文明人としての矜持を国民に訴え、「アジア人のためのアジア」と宣伝する軍国日本と、一時は共鳴し合うことになる。

五八三名の戦死した将兵の名を刻みこんだ大きな記念塔は「戦勝記念塔」と名づけられて、一九四一年六月二四日の革命記念日に除幕式が行なわれた。ピブーンはこの失地回復の功績で、陸、海、空、三軍の元帥に昇格した。

フランス領インドシナとタイの国境紛争で、日本がタイに失地回復をはかる有利な条件で調停に成功させたことは、フランスはもちろんイギリス、アメリカにも、タイが日本陣営に入ったことを確信させた。しかし、タイ国内の雰囲気はそうとは言えなかった。公使館付武官田村浩大佐は一九四一年四月一六日に、

一、タイ国における日本の影響力は、あてにならない。

二、大英帝国が敗れるだろうとは、タイ人は一般に信じていない。

三、国境紛争の日本の努力に、タイ人は感謝していない。

四、日本側からの軍事同盟の申し出は、可能な限り延期すべきである。

という内容の報告書を陸軍省に送っていた。調停が妥結し、失地回復の成った翌日の三月一二日は、タイ全国津々浦々の官公庁、学校では、日タイ両国の国旗を掲げて祝ったはずであったが、タイ一般の民心はやはり欧米志向であり、日本には冷淡であったと、冷静な武官は見逃していなかった。

一九四一年七月三一日、横浜正金銀行バンコク支店は、タイから原材料を購入するため、一〇〇〇万バー

ツの借款をタイ政府に要請した。プリーディー蔵相は、日本側が純金を担保に入れることで、これを了承した。日本は借款の一〇〇〇万バーツで、米、スズ、ゴムを購入した。これがタイでの特別円の始まりであった。ところが八月に入って、日本は再び二五〇〇万バーツをタイ政府に要請した。七月二五日にアメリカが在米日本資産を凍結し、二六日、二七日にはイギリス、アメリカ領フィリピン、オランダ領東インド（現インドネシア）も日本資産の凍結措置をとったからであった。立憲革命以来、親日派と日本側では見ていたプリーディーは猛然と抵抗を示した。日本側はイヤー・マークつきの純金を日本銀行に担保として保管しておくから、と説得したが、タイ側はバンコクに移送することを主張した。日本側がタイ側の条件を容れることで、やっとタイ側は承知した。この件以降、プリーディーの日本を見る眼は大層厳しくなった。

七月二二日に「日本・フランス両国間の平和進駐に関する協定」が成立すると、二八日には、飯田祥二郎中将率いる第一五軍が、南部ベトナムからカンボジアに進駐してきた。八月一六日には、日本側の申し出により、日本タイ両国の公使館を大使館に昇格させ、日本は坪上貞二《ていじ》を大使として派遣した。タイは永年独立国でありながら、常に二流国として扱われてきて、指導者たちを悔しがらせてきたが、この措置はアジア人のみがアジア人の気持ちを理解すると、タイの指導者に心理的効果を与えた。

6　急増する日本人

一方、タイに滞在する日本人の数は急増した。旅行者や様々な商売人の姿で続々とバンコク入りし、タイのあちこちの地方に散っていった。小さな町にも日本人を見かけるようになり、見たところ儲けにならないような商売をしても平気でいる日本人を、地元のタイ人は奇妙に思っていた。

南タイの港町、ソンクラーでは瀬戸物屋を営む日本人が、毎日、沖合いに船を出し、商売を放たらかしにして、釣りを楽しんでいた。ところが一二月八日未明、日本の戦艦が沖合いに現れるや、その日本人が日本の軍服を着て現れたので、近隣の人々は驚いた。魚釣りは沖合いの水深を測るためのカモフラージュであり、瀬戸物屋も身分を隠すための仮の姿であった。この実話は今も語り伝えられていて、近年、タイでは映画にもなって、日本でも上映された。

そして、一一月二六日の閣議で、ピブーンは次のような発言をしている。

日本人がタイ国内で悶着を起こしているのです。円の札びらで払ったり、女性の胸元にタバコの吸殻を突っ込んだり、日本人は尊大で横柄な態度をとるのです。日本の天皇の映画をタイ国内で上映しようとすると、日本人は自分たちの崇拝の対象であるから、駄目だと言うのです。日本人はどこへ行っても日本に居るような振る舞いをし、他国の文化を認めようとしません。今やタイと日本の摩擦はずいぶん増えています。

日本大使館の田村浩大佐の報告もこの発言を裏付けるように、調停後の日本への感謝の気持ちが急速に冷え、一九四一年秋には、日本人のプレゼンスが、タイで非常な嫌悪感を持って迎えられている、と伝えた。対日感情は七月末の日本軍のフランス領インドシナ南部進駐以来、特に悪化した。英米側は反日感情を盛り立てようとする動きが顕著になった。ピブーンは七月三一日に密かにイギリス公使クロスビーと会見して、日本の圧力を語り、八月九日にはアメリカ公使グラントと会見して、日本に対抗する積極的な行動を期待すると語った。ピブーンはまた、国境画定のためサイゴンに滞在するタイ側代表チャイ・プラティーパセーン中佐に、九月一九日付の訓令で、「国境線が決まればそれでよい。他のことは大して重要ではない。われわれが得た領土の意味は、領土が増えたというよりは、将来の国防上に関わる意味である」と、もはや失地回復を喜んでいる余裕はなかった。それよりも、国境で対峙することになった日本軍の動静の方が、タイにとって重大関心事となった。国家存続の危機と言ってもよかった。ピブーンは深いジレンマに陥っていた。

7　迫り来る危機

一九四一年八月二三日の閣議では、ピブーンは、

たとえ政府がいかなる国とも戦争せず、各国と友好関係を維持するように努力する政策をたてたところで、その政策が行き詰れば、祖国防衛のために戦う体制をとるべきです。その結果は、勝利と敗北です。敗北しても戦ったという名誉が残ります。独立を失っても、戦ったという名誉が未来に残せるのです。もし、われわれが勝利すれば、独立も維持でき、偉大な名誉も手にします。われわれがデンマークやインドシナのように戦わずにいたら、名誉も独立も失ってしまいます。

と、目前に迫る日本軍を相手に、越境してくれば戦う姿勢を見せて、閣僚の意見を聞きながら、かつ奮い立たせるような発言を繰り返していた。

しかし、一一月二六日の閣議では、
もし日本軍が侵入してくれれば、どうなるのか考えておかねばなりません。戦うとすれば、その結果どうなるのか、日本と戦っても、イギリスが助けに来てくれなければ、国は滅亡です。人民党なんてどこにも存在しないですよ。まずはおしまいです。彼らが勝利して、われわれが死なずにすんでも、彼らは新しい政府を樹立するでしょう。プラヤー・ハッサディンなどを起用した、われわれと反対の立場の政府になるに違いありません。戦えばわれわれの負けです。国家は滅び、人民党も滅びます。せいぜい残るのは勇敢な戦士という名誉です。しかし、一体誰が血の最後の一滴になるまで戦うでしょうか。そんなことをする国はどこにもありません。
と、日本軍と一戦を交えた後の敗北を意識して、不安を隠しきれず、名誉にこだわりながら、生き延びる方策を模索する発言をしている。
だから、一二月二日の閣議では、
もしわれわれが日本の側についたら、どんな利害得失になるかと、彼らと話したことがあります。もし日本側について、彼らが勝てば、旧領土が戻ってくるというのです。もしわれわれが彼らにつけば、少しは事態が良くなるのです。日本はどちらを選ぶのか迫ってきています。彼らと戦うことも可能です。しかし、戦わなくともいいのです。戦ったら、どうなるのか、彼らの側につくとどうなるのか、国家安泰のために、政府はどちらでも選べるのです。
と、日本軍を相手にどうするのか、日本側からも打診があったことが、ピブーンの発言でもわかる。打算への考え方に傾き始めていた。独立維持と名誉のために、侵入してくる日本軍とは戦おうではないか、という発言から、国家と自ら率いてきた人民党のために妥協も必要だと、説き始めていた。どちらの側についた方が得なのか、極めて現実的、功利的に判断しようと、閣僚たちに説いていた。

一一月二〇日にはイギリス公使と会見し、イギリスがタイの防衛にあたってくれるかどうか打診し、アメリカ公使も副外相ディレーク・チャイヤナームと会見して、本国政府の意向を伝えていた。両国とも中国の重慶政府に武器援助するような形で援助はするが、侵略に対する防衛は自力によって欲しい、と回答してきた。

日本の駐在武官田村浩大佐が、一一月末から一二月二日にかけてピブーンと会見したときには、ピブーンはすでに日本と戦う意思のないことを示唆しながら、日本がタイの名誉を傷つけることがあれば、黙ってはいないと念を押し、ピブーンの威信を傷つけるような、チャオプラヤー平野とりわけバンコク周辺での日本軍の軍事行動は避けるように、強調していた。幾度もタイの名誉と面目（honor and face）の問題を強調していた。

一九三〇年代半ばの駐在武官守屋精爾陸軍大佐が再びバンコクに姿を現して、一二月六日夜、外務大臣ディレークやかつての外務大臣プリーディーと会見し、緊急事態について述べ、ピブーンに会いたかったが会えず、ともかくもタイ軍が戦闘しないように、と言い残していた。

8　タイ・カンボジア国境に消えたピブーン首相

日本では一九四一年（昭和一六年）一〇月一八日に東条英機内閣が誕生し、一一月五日には「帝国国策遂行要領」が決定された。日本軍の動きは様々な外交ルートを通じて、また日本の駐在武官からも直接タイの指導者に伝えられた。日本軍がイギリス領ビルマやマラヤに向けて進軍するためには、まずタイを通過しなければならない。米、野菜、ゴム、スズ、牛など農産物や天然資源を持ち、南北に鉄道網を持つタイは、日本軍にとって絶好の後方兵站基地であった。フランス領インドシナ南部に集結する日本軍が、タイ領土内に侵入するのはもはや時間の問題であった。

日本の第一五軍が集結するタイ・カンボジア国境は次第に緊張がみなぎり殺気立ってきた。一一月二日、カンボジアのアンコール・ワットに近いシエムレアプ（フランスから割譲されてタイ領になったばかり）の町付近で、国境画定のため調査していたタイ・フランス・日本の合同委員会のタイ側委員が、スパイの容疑で逮捕され殴打されるという事件が発生した。シエムレアプ事件のニュースは一二月五日夕刻にピブーンに達した。ピブーンはタイにとって、特にタイ外交官に対する耐え難い名誉毀損であると激昂した。翌日、ピブーンはワニットを呼んで、抗議文を田村大佐まで届けさせ、自ら部下を連れてシエムレアプ事件究明に出かけた。

日本人将校に殴打されたのは、タイ外務省官僚タナット・コーマンであった。氏は華人系のタイ人であったので、中国人に間違われたのであった。皮肉にも氏は戦時中の在京タイ大使館の書記官として派遣された。

戦後は外務大臣、副首相の要職を歴任したタイが誇る外交官であった。

その夜、ドイツの駐在武官ショルは、日本軍艦八〇隻余りが大船団を組んで、南シナ海を南下し、シャム湾に向かっている、タイ・カンボジア国境には日本軍が集結を終え、司令官の命令で越境侵入するばかりの態勢になっている、とタイ側に報告してきた。ピブーンは、そのときのことを終戦直後に次のように書いている。

陸軍司令官が応戦態勢に入ったプラーチーンブリー部隊の視察をしたいというので、相談した結果、日本軍はまだ侵入してこないだろうということになった。［フランスから割譲されてタイ領になったばかりの］シーソーポンを視察した後、帰京しようとしたところ、［同じくフランスから割譲されたばかりの］バッタンバンもついでに視察したらいかがですか、という者がいて、私はまだバッタンバンに行ったことがないので、自分で車を運転して出かけた。そこでバッタンバン県の県知事や警察署長に会った。そしてその夜、アランヤプラテートまで戻ってくると、急ぎ帰京するよう電報が届いていた。

これによれば、ピブーンは激昂もしていなければ、シエムレアプにも行っていなかったことになる。シーソーポンから方角が逆のバッタンバンに南下していたのである。それもまだ見たこともないからと、緊迫感はない。一国の首相で三軍の総司令官が、陸軍司令官を伴い、行き先も帰還予定日も告げず、無線ラジオも携行せず、国家が危急存亡の際に立っているにもかかわらず、バンコクを留守にした、全く不可解な行動であった。

ピブーンは三か月前の九月八日に「仏暦二四八四年（西暦一九四一年）戦時下におけるタイ国民の義務を

規定する法」という法律を発布して、全国民は最後まで敵と戦えと規定していた。もしピブーンがバンコクに居て、日本軍が侵入してくれれば、抗戦せよ、と命令を発する立場になる。戦わずして日本大使と交渉のうえ、日本軍の進駐を認めれば、徹底抗戦を国民に呼びかけてきた軍人宰相としては、面目丸潰れと判断したのであろうか。察するに、侵入する日本軍に抗戦しても勝ち目はないし、最初から白旗を掲げて、進駐を認めてしまうわけにもいかない。そこでしばらくは雲隠れして、抗戦させた後に、日本側と交渉して停戦にもちこむ、というシナリオを描いていたのであろうか。タイ国民に対しては闘ったという面目を保たねばならないし、日本側には名誉を傷つけてほしくはなかったのである。抗議文を届け、激昂したというのはゼスチャーだったのであろうか。重大な政治決断を迫られたとき、不在にすることで決断を先延ばししたり忌避するのは、タイ独特の政治的駆け引きなのであろうか。

ピブーンの雲隠れは、このときだけではなかった。タイ駐屯軍司令官として、中村明人中将がタイに赴任してきた当日、ピブーンはバンコクに居なかった。北タイのチエンマイに滞在していた。

9　進駐する日本軍

一九四一年一二月七日は日曜日であった。タイの閣僚たちは各自安息日に憩っていた。外相ディレークは私宅にイギリス公使の訪問を受けていた。イギリス公使は、日本の船団がベトナムの南端カマウ岬を通過してシャム湾に入ってきたことを告げにきたのだった。ディレークは午後七時に副首相のアドゥン・アドゥラ

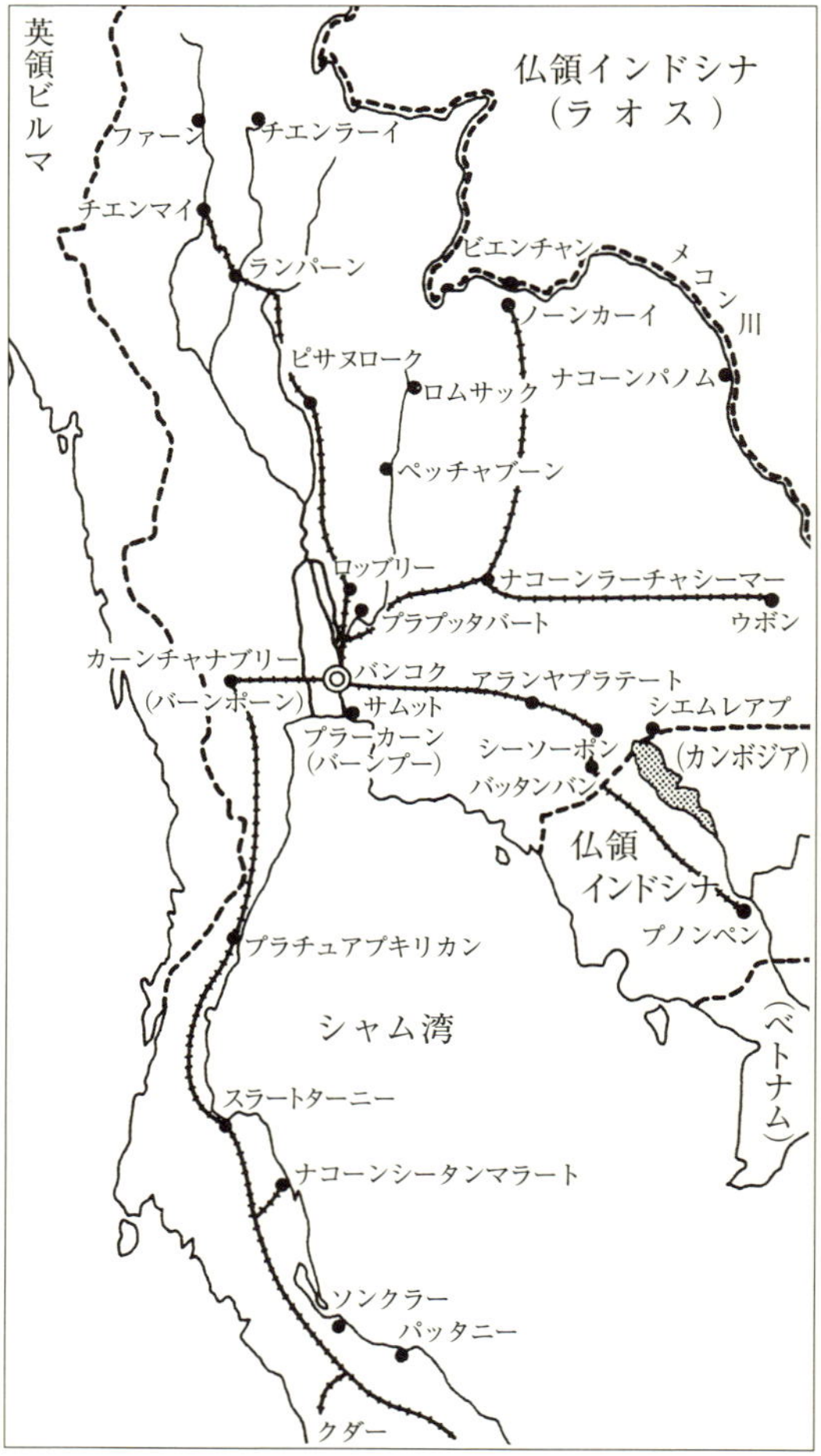

図2　太平洋戦争の頃のタイ

ヤデートチャラット警察少将と自宅で夕食を共にすることになっていて、アドゥンが来ると、当然イギリス公使の話を伝え、首相であり最高司令官の立場にある人物が、こんな時期に地方に行くべきでない、などと話していた。すると、経済大臣であるプラ・ボーリハーンユッタキットがアドゥンに電話してきて、アドゥンは食事もせずに飛び出していった。半時間後、ディレークにも首相官邸に出向くよう電話があった。

首相官邸に駆けつけてみると、坪上貞二大使、浅田俊介総領事、田村浩大佐、守屋精爾大佐、天田六郎通訳官ら日本大使館員約二〇名が官邸一階に揃っていた。坪上は、首相が居ないのなら副首相に面会したいと言ったが、アドゥンは会いたくないとディレークに行かせた。ディレークがワニットを伴って二階から下りて、坪上と型どおりの挨拶をした。坪上は、今日、日本は米英に宣戦布告することを決定したと告げ、日本の敵であるイギリス領ビルマとマラヤのイギリス軍を攻略するため、どうしてもタイを通過させて欲しい、と述べた。ディレークは、タイは中立国であるから、どちらの側も支援できないと答えた。坪上は、陸路、海路、空路、どうしても通過しなければならず、許可を求めたいのだ、と説明した。午後一一時頃、すでにほとんどの閣僚が官邸に集まっていたので、副首相が閣議を開いたが、首相不在ではなにも決めることができず、日本の外交団にはピブーンが帰還後に会見するからと言って、一旦引き揚げさせた。まんじりともせず夜があけると、八日午前五時には日本外交団が首相官邸にやってきて、ピブーンの帰還を待ち構えていた。

ピブーンは午前七時頃バンコクに戻り、首相官邸に直行した。首相官邸に入るや否や、日本側はピブーンを取り囲み、日本軍の通過を認める回答を即刻ほしいと訴えた。ピブーンは国の存亡に関わることであり、閣議で審議して、国王陛下の政府として返答すると答えた。すると、浅田総領事はドアを足蹴にして閉め、提示する協定文を床に投げつけ、日本軍はぐずぐずしておれぬ、と威嚇し、どちらかにサインせよと迫った。ワニットは気が動顚し、日本人はタイの首相に敬意を表さないのかと、泣き出した。日本軍がこんなことをしていたら、全ての企てが烏有《うゆう》に帰す、と叫んだ。ピブーンが階段を上がろうとすると、守屋がピブーンの腕を掴んだので、ワニットはそれを離そうとした。すると守屋は軍刀に手をかけた。プラユーン・パモーンモントリー大臣とチャイ・プラティパセーン大佐は階段の傍らに立って、拳銃に手をかけようとした。坪上が中に割って入り、ピブーンに三〇分間の猶予を与えた。

10　緊急に開かれた閣議

閣議が始まると、アドゥンがまず事態を説明し、次いでプリーディーが発言した。「私に述べさせていただきますれば、今や重大な時機に至っておりまして、国家の命運がかかっております。でありますから、どのような結論が出ようと、私は反対致しません。ただ議論に入る前に、その原因と結果について述べさせていただきます」。ピブーンは言葉をさえぎり、

ちょっと待ってくれ。私が先にしゃべらせていただく。今この時も交戦しているのであるから、今後も交戦するのか、停戦するのか、ということが先です。このように話している一分一秒の間にも、人が死んでいっているのです。停戦するのか、戦うのか、他のことは後でも話せます。さもなければ、兵士は戦っていて、パッタニーでは部隊が壊滅しかかっているのですぞ。サムットプラーカーンでは抗戦させるのか、させないのか。

ピブーンは国防大臣であり副総司令官であるマンコーン・プロムヨーター中将に質した。マンコーンは「総理次第です」と判断を首相に委ねた。ピブーンは「そうではない。戦闘を続行させるのかどうなのか、閣議が判断しなければならないのだ」。遂にアドゥンはピブーンに命令を求めると、ピブーンは「停戦命令を出す方が先だ。それから日本大使館に頼もう。どのように協議を進めるかはまた別だ。今後どのような展開になるかは、外交交渉の成り行きをみなければなるまい」と答え、七時三〇分全員一致で停戦することに決めた。ピブーンは、自ら停戦命令を言い出せず、誰か適任者に言い出してほしかったのである。後世に汚

写真１　ドーンムアン街道からバンコクに向かう日本軍。車両にはタイ国旗と日章旗が掲げられている。［1941年12月８日］

名を残したくなかったのだろう。

日本側がタイに提示したのは、次の三案であった。

一、日タイ両国は共同防衛協定を結び、日本軍の通過に便宜をはかる。

二、タイは日本軍の通過を含め、軍事協力する。日本はタイの主権、独立、および名誉を尊重し、タイ国の失地回復に協力する。

三、日本軍の通過を認め、便宜をはかる。

閣議では、タイがインドシナのようになることを恐れ、スウェーデンの例をあげて、通過だけを認めることになった。また、失地回復については、不必要だとし、何も触れないことになった。ディレークはワニットを連れて一階に降りていき、一一時二五分に戻ってきて、署名したと報告した。

写真2　パッタニーに上陸する日本軍。横を通り過ぎる船に乗った地元の人々の目はいっせいに日本兵の方を見つめている。［1941年12月8日］

日本軍のタイ進駐直前の一二月七日、当時スイスで勉学中のタイ国王ラーマ八世（今上陛下の兄）と王母サグワン殿下から、ロンドン経由でピブーン首相宛に電報が発信されていた。国王からの「中立を堅持せよ」というメッセージであったが、バンコクに届いたのは一二月一二日であった。ピブーンはこの国王の電報に接し、同日、謝辞と国家のために最善を尽くす、と返電している。

日本軍の進駐を見たピブーンは、一二月一一日にはタイ日攻守同盟の締結に同意して、対日協力に向けて動いた。一二月一七日には閣議で同盟の締結が承認されていた。一二月一九日にピブーンは「東亜の新秩序確立には、この地域の繁栄を高め、世界平和を取り戻し、安定するのが不可欠の条件と考える」と、日本が提唱する「大東亜の新秩序」確立に賛同する発言もしている。ピブーンはタイの外交方針を厳正中立から大きく舵を切り

写真 3　日本軍が上陸したプラチュアプキリカンの空軍基地内にある記念碑。ここでは上陸した日本軍とタイ軍・警察とが衝突して、双方に戦死者が出ている。

写真 4　プラチュアプキリカンの空軍基地内にある第二次世界大戦での出来事を彫りこんだ巨大なレリーフ。

かえた。そして、一二月二一日には「日本國タイ國間同盟條約」（日タイ同盟条約）を締結、翌一九四二年一月三日には秘密協定「日泰協同作戦ニ關スル協定」を締結した。そしてついに一月二五日には英米に宣戦布告した。タイの親英派にはピブーンが親日派と映ったとしても無理からぬ転向ぶりであった。

一二月八日の政府声明では、

仏暦二四八四年［一九四一年］一二月八日午前二時以降、日本軍は海路ソンクラー、パッタニー、プラチュアプキリカン、ナコーンシータンマラート、スラートターニー、およびバーンプーからタイに侵入した。また陸路バッタンバン県、ピブーンソンクラーム県から侵入した。たいていの地区で、タイ軍と警察は頑強に闘った。

と述べ、日本大使から日本軍の通過要請があり、無駄にタイ国民の血を流すことを避け、タイの独立、主権、名誉を尊重するという文書でもって、確約を得て認めた、と発表した。最低限の協力をする判断を下した。

一二月八日にバンコクで締結した通過協定では、「一、東亜ニ於ケル緊急事態ニ對應センガ爲「タイ」國ハ日本國軍隊ニ依ル「タイ」國領域通過ヲ許可スベク又右通過ノ爲必要ナル一切ノ便宜ヲ供與シ且日本國軍隊ト「タイ」國軍隊トノ間ニ發生スルコトアルベキ有ラユル紛争發生ヲ避クル爲ノ措置ヲ即時實施スベシ」として、タイは日本軍に便宜供与を約束し、駐屯する日本軍とのあらゆる摩擦を避ける努力をしなければならなかった。その代わり、「三、日本國ハ「タイ」國ノ獨立、主權及名誉ノ尊重セラルルコトヲ保障スベシ」と、日本はタイの独立と主権を侵さないと約束し、タイの名誉を重んじなければならなくなった。

すでに司令部から出された停戦命令や政府命令にもかかわらず、マレー半島部のプラチュアプキリカンでは四〇数時間もタイの部隊が抗戦していた。タイ軍の抵抗に遭い、タイ全国で、日本軍に約一〇〇名、タイ側の軍、警察、義勇兵に約二〇〇名の死者を出した。飯田祥二郎中将を司令官とする第一五軍は、八日午前七時、車一〇〇台を連ねてタイ・フランス領インドシナ国境から進駐し、飯田は翌九日、空路バンコクのドーンムアン飛行場に到着した。当時、進駐してきた日本軍は約五万と言われ、対する当時のタイ軍は六万の兵力であった。

11　〝嵐のときのようにやり過ごす〟

一九四一年一二月一〇日の閣議でピブーンは、

今の時期は法律であれ、道徳であれ、われわれはそれを拠り所にすることができないのです。われわれは権力によらざるを得ない。何かをしようとするなら、権力行使によって実行されるべきです。彼らが権力を行使している時、それが法律違反であるとか、道徳に反するとか、叫んでみても、今の状況では無意味です。わが方の官吏が蹂躙されたり、何かされれば、それは我が方の力不足と悟るべきです。われわれが生き延びる方法は、まず我慢することです。黙って、冷静になって、心を鎮めて、わが国が生き延びることのできるような、最良の手段を見出して、実行するべきです。

と発言していた。ピブーンは日本軍が進駐している今、この国の平常時の法律や道徳が通用しない非常事態にあることを説き、日本軍に抵抗するのをやめることを促した。ピブーンはさらに、「嵐が来たときのように、やり過ごして、樹木が折れないようにすること、そうすれば、将来、果実が実り、また食べられるのです」と、日本軍の進駐を嵐に譬え、できるだけしなやかに、柔軟に、吹き去るまでをやり過ごす処世訓を説いていた。この日、ピブーンは全国に戒厳令を発布した。

坪上大使や駐在武官たちは、同日の晩、ピブーン首相を訪問し、先の日本軍通過の協定を軍事同盟に改め、英米に宣戦布告するよう慫慂《しょうよう》した。ピブーンは戦争に巻き込まれたくないと拒否したが、日本側は聞き入れなかった。夜一二時に至って、ピブーンが閣議の了承を得なければ同意することはできないと述べ、日本の外交団はやっと引き揚げた。

翌一一日午前に閣議が開かれ、ピブーンは昨夜のいきさつを説明し、

彼らは単刀直入にこう言ってきています。すなわち military cooperation の道をわれわれに選べというのです。しかし、これには私もどうしてよいのかわかりません。仮に、将来どうなっているのか、という情報が得られるのであれば、私は国の隅から隅までを売り渡した売国奴になっているかも知れません。同意しなければ、タイ軍は日本軍によって武装解除されるかも知れません。そうなれば、われわれはどうすることもできません。抵抗すれば国は滅亡することになり、こんな風に座って会議を開くことなど到底できないでしょう。ただ、私の気持ちでは、われわれが彼らの側につくのなら、一〇〇パーセントそっくりついてしまうことです。しかし、それから先のことについては、私も予想できません。

早急に決断を迫られているピブーンの答えは決まっていた。駐屯する日本軍の戦闘力や機動力を目の前にして、それしかできなかったはずである。しかし、それでも後世の史家に自分がどう評価されるのか、ピブ

写真5　エメラルド仏寺院で日タイ同盟条約に調印するピブーン首相（右）と坪上貞二大使（左）。［1941年12月21日］

ーンは後世に残すかもしれない汚名を危惧していた。ピブーンの危惧は的中していたのである。日本との軍事同盟を結んだピブーンは、日本軍への屈従と映ったのであろう。タイの史家のピブーンに対する評価は今だに厳しい。

前日の一二月一〇日はマレー沖海戦で、イギリスの不沈艦と呼ばれていたレパルス号とプリンス・オブ・ウェールズ号が撃沈され、日本軍は「轟沈、轟沈」と凱歌を上げているときであった。日本軍の緒戦の華々しさ、イギリス軍の失墜を見ながらも、将来への不安は隠しきれず、閣僚ひとりひとりから意見を求めた後、一一日午前一一時、階下で待つ坪上大使らのところに行き、軍事協力協定にサインしたのであった。

12　エメラルド仏寺院での同盟締結

一九四一年一二月二一日、日タイ同盟条約が締結された。第一条では、相互の独立、主権を尊重し、第二条では、武力紛争発生時には同盟国として、政治的、経済的、軍事的に支援する、第三条では、両国

写真６　エメラルド仏寺院の前を行進する日本軍。［1941年12月22日］

で細目の協議決定、第四条では、単独の休戦や講和は結ばない、第五条では署名と同時に発効、一〇年間継続、という内容であった。

この条約はタイの歴史上未曾有の緊密な関係を示す条約であった。王宮内の寺院ワット・プラケオのエメラルド仏像の面前で調印式を行なうのも、史上初めてのことであった。その事情をピブーンのブレーンとして活躍し、無任所大臣の地位にあったルアン・ウィチットワータカーンは、

問題はどうしたら日本を条約に忠実たらしめるかである。特にわれわれの独立、主権を尊重する点である。［中略］彼らが変えるときは、われわれにとって不利な方に変えるときである。われわれには日本の権力につける重石は持ち合わせていないし、日本を厳格に条約に忠実たらしめる何物も持ち合わせていない。しかし、日本は儀式を重んじる国であり、日本と一緒になって儀式をすれば、

少しは誠実であるだろうし、日本人は仏教徒だと言っている。［中略］仏、法、僧の三宝の前での調印式は、日本側に条約を遵守させるに、いかなる方法よりも拘束力を持つだろう。われわれは日本側に、エメラルド仏像はタイ人のみならず、カンボジア人、メコン川左岸の人々、ビルマ人、インド人の崇拝の対象になっているのだと伝えた。エメラルド仏像の前で調印した条約に違反して、タイの独立と主権を侵すようなことがあれば、アジアの仏教徒たちは日本を嫌悪するであろう。

と、タイ側が持ちかけたとする意見がある一方、「タイ政府が本気で尊重するという確信を得たいがために、ワット・プラケオのエメラルド仏像の面前で調印式を行ないたいと、日本側が希望した」という意見もある。条約締結の調印式を仏前で挙行して誓うというのも前代未聞であろうが、いずれにせよ、タイも日本も相手に対して疑心暗鬼の気持ちをもって調印にのぞんだのであろう。

この条約調印後、バンコクをはじめタイの地方に展開する日本軍との摩擦を避けるための、日本タイ合同委員会が設置された。この組織は後に同盟国連絡局という、タイ政府の一部局に格上げされる。第四章で詳しくみる。

13　タイも英米に宣戦布告

一九四二年一月二五日、タイは英米の両国に宣戦を布告した。政府声明文では、イギリスはタイ領土を削り、財政的経済的に脆弱なタイを圧迫してきた、また、アメリカはフランス領インドシナ国境紛争時にタイの行動を全て阻害し、発注した飛行機、武器を差し押さえ、一八九三年の「シャム危機」には、アメリカに調停を求めたが、シャムが蹂躙されるにまかせた、という過去の理由をあげ、宣言文では、連合国軍のタイ攻撃、空襲を宣戦布告の理由にあげていた。さらに政府声明では、昨年一二月八日から一月二〇日までの間に、三〇回の空襲、三六回の地上攻撃を受けて、国民の生活を脅かしている、と説明している。イギリスに対する宣戦の理由は歴史的事実であるが、アメリカに対する宣戦の理由は、言いがかりのような言い分である。

ピブーンが閣議で述べたように、一〇〇パーセント日本側に加担することになったが、ピブーンが残したメモには、宣戦布告直前について、次のように記されている。

一九四二年一月中旬頃、日本の武官であるか文官であるかがやってきて、日本と友好関係を持ち、共同作戦をすることになっていながら、タイが宣戦布告しないのは誠実さが無い、と不満を表明した。日本は戦線が拡大し、後方が不安定になりだした。タイ軍はまだ安泰である。連合国軍の攻撃は激しくなってきた。宣戦布告は国民に誤解を与えるかも知れない。共同作戦で十分だと思い、私はよく検討すると承っておいた。

ピブーンのためらいの気持ちと慎重さに比し、積極的であったのは、民族主義を鼓舞していたウィチットワータカーンであった。ウィチットワータカーンは一二月八日の政府声明文の起草者であったが、今回の宣戦布告で、広報局のラジオを通じて、政府声明として発表したのも彼であった。そしてそのときの印象を嬉々として、日系英字新聞に寄稿していた。日本の働きかけと、ここで一気に民族主義を盛り上げようとする思惑とが、英米への宣戦布告につながったのであろう。

ピブーンはこの宣戦布告に先立ち、内閣を改造していた。外相はピブーンが兼任し、ディレークを外務副大臣にし、後に駐日大使として送り出した。またウィチットワータカーンを外務副大臣に加えていた。国防相もピブーンが兼ね国防相だったマンコーンを副大臣にしていた。プリーディー蔵相を、死亡したチャオプラヤー・ヨマラートに代わって、摂政の地位につけ、蔵相には親日家といわれていた経済相プラ・ボーリハーンに兼任させた。外相、国防相をピブーンが兼任したのは、日本軍の進駐で日本側大使館、日本軍と遅滞無く、齟齬無く、いちはやく対応する体制を取ろうとしたのであろう。プリーディーを解任したのは、彼自身が日本との友好同盟に反対したので、権限のない地位に移して欲しいと希望していたからであった、と述べているが、日本側からのプリーディー追い出しの圧力があったことも、ピブーンから聞いていた。

ともあれ、宣戦布告への親日内閣はできあがっていた。しかし、当時の国王ラーマ八世はスイスで勉学中であった。宣戦布告には摂政三人の署名が必要であったが、摂政プリーディーは署名しなかった。終戦後、プリーディーは自分が署名しなかったから、この宣戦布告文は無効であると主張して、一九四五年八月一六日に「平和宣言」をしている。アメリカは直ちに無効を認めたが、イギリスは認めなかった。プリーディーは宣戦布告に署名する時、北のチエンマイに滞在していて、バンコクには居なかったのである。プリーディーもまた、ピブーンと同じように雲隠れしてしまった。

14　戦時下の文化革命

一九四二年元旦、タイ駐屯軍司令官飯田祥二郎中将は、ラジオ放送でタイ国民に新年のメッセージを贈った。飯田は「大東亜戦争」の正当性を説きながら、「タイ国が大国になり、大東亜新秩序建設の一翼を担っていただきたい」と檄をとばした。飯田の演説は、タイ語に翻訳され印刷されて、官僚たちに配布されていた。訳文の重要箇所には下線が引かれている。タイが大国になること、日本軍はタイの主権、名誉を尊重すること、日本はタイの発展、強大化、安定化にできる限り支援すること、日本タイ両国は協力して今次の戦争を遂行すること、などの箇所である。日本がタイの大国化に期待していることと、日本が負う約束と義務を確認しておくかのようであった。

一方、ピブーンも同日、日本軍将兵に向けてメッセージを贈った。日本軍の進駐がタイ国民に様々な反応を呼び、誤解を生んだりしたが、相互理解が進むにつれ、疑惑も晴れ友好関係は深まった、と述べながら、「日本の本当の意図はタイをしてアジアの強大な独立国にして、国家建設、アジア大陸の繁栄への任務を担うことである」と締めくくっている。

「国家建設」という言葉は、一九四一年六月二四日の革命記念日の演説では、「国家建設（sang chat）は二音節の短い言葉であるが、われわれが一心同体となって、今よりもより良い国家を築き、誰もが満足のいくように改善して、少なくとも文明国（araya-prathet）と同じ水準に向上することである」と説明していた。ピブーンはすでに国家意識高揚のため、「ラッタ・ニヨム」を発表していた。筆が立ち、頭脳明晰なウィチットワータカーンは、呼応するように多くの愛国小説や戯曲を書いて、民族主義を鼓舞していた。インドシナ国境紛争後の失地回復と戦勝者気分、日タイ同盟条約締結、対英米宣戦布告と、矢継ぎ早に組まれていく事態は、少なくとも対外的には軽視されること無く、大国と対等の立場に扱われるようになった。今こそ「大国化」「国家建設」のチャンスと映ったのである。民族主義高揚のチャンスであった。

すでに一九三九年八月三〇日の閣議でも、

われわれは他の国と同レベルの文化を持たねばなりません。さもなければ、誰も相手にしてくれません。相手にしてくれても先進国の立場から、われわれを劣った立場に据えて、全然敬意を表わさないのです。そして、結局はその権力下に置かれるのです。しかし、もし相応の文化があれば、われわれの誇りや独立心が全て維持できるのです。

と発言している。ピブーンの「文化」への思いは、国民の礼儀作法や挙措動作といった、まず外見にこだわってきたが、日本軍の進駐を契機にさらに「文明国」という国家像にこだわるようになっていった。反文明的、非文化的な行為をやめ、不合理な慣習を廃絶して、誰もが職業に就き、勤勉で規律ある近代精神を説くようになっていた。

服装については、一九四一年一月二五日の「ラッタ・ニヨム」第一〇号「国民の服装」で、整った身なりとは、なるべく制服を着用し、清楚な洋服か民族服を着ける、パンツ一枚や腰巻だけではいけない、と規定したが、ピブーンはさらに「整った服装は文明に相応しく、婦人は帽子を被らねばならない。帽子は国家建設の一手段である。文明国へと国家のレベルを上げ、国家の独立を永遠たらしめる」と述べている。帽子ひとつで文明国とか国家の独立をいうのは、大袈裟であるが、ピブーンの命令で、バンコクの婦人たちは帽子を被らされた。

服装以外では集会で拍手を送る（タイ人の習慣では、よい場面に会うと、チッチッと舌打ちをする）、スプーンとフォークを使い手は使わない、キンマを噛むのをやめさせ、毎日歯を磨かせる、一日三食の規則正しい日常生活を送る、迷信をやめさせる、等々を指導した。

そして、文明国では平等であると、古来の位階勲等や欽賜名などを一九四二年五月一五日に廃止した。さらに「女性はタイ人全ての母である」と、女性には男性と対等の権利が与えられ、妻を敬えと説き、七月一四日のピブーンの誕生日には、女性部隊が編成され、女性士官学校、女性下士官学校まで設立された。そしてタイ語の同音異字は不合理であるとして、いくつかの文字を廃止して、タイ語の綴字法を改正した。個人の命名には、男は男らしい名前、女は女らしい名前をと、多数の例を挙げて、男か女か分り難い紛らわしい名前をやめるようにと勧めた。しかし、ピブーンは洋風化ばかりに努めたのではなかった。タイの伝統舞踊、絵画彫刻を育成するため、一九四三年に芸術大学（現シンラパコーン大学）を設立し、伝統楽器による楽団編成や、東北タイのフォークダンス〝ラムウォン〟をバンコクで流行させたりしている。一九四二年一〇月二八日の日本タイ文化協定により、日本文化会館（後に日泰文化会館）が設立され、日本文化が紹介されだしたのに、対抗する意味が込められていたのかも知れない。

文化に関しては、「仏暦二四八五年［一九四二年］民族文化に関する法」を公布した後、「国立文化会議」（Sapha Watthanatham haeng chat）という官庁を設立した。文化省とは別個に、現在もこの組織は続いている。

「文化とは、民族の発展向上、秩序、融和、進歩と民族のよき道徳を示す性質のものである」と定義して、伝統ある民族文化の研究、改善、育成、促進、普及をはかり、精神文化の規制、履行を国民に促した。「文化、文化」というかけ声に、巷間では、割り込んで乗ろうとするバスの乗客に対して「文化がない」と、当時のタイ人は皮肉を込めて批判していたという。

ピブーンが首相を辞任する三か月前の一九四四年五月二日に、Thai Code of Valour（Wiratham khong chat Thai 和訳すれば「タイ民族の覇道」）なるものを定め、総理府布告とした。「高い文化を持つ民族たるにふさわしい規律を持つため」として、

一、タイ人は命よりも民族を愛す
二、タイ人は最高の戦士
三、タイ人は友情篤く敵に厳しい
四、タイ人は命よりも仏教を大切にする
五、タイ人は言行一致
六、タイ人は平和を愛する
七、タイ人は忠実
八、タイ人は仕事に勤勉
九、タイ人は自給自足
一〇、タイ人は子孫に遺産を残す

一一、タイ人は安居楽業を好む
一二、タイ人はきちんとした身なりを好む
一三、タイ人は女、子供、老人を大切にする
一四、タイ人は指導者に従う

などの精神訓で、戦時下の国家建設のうちの文化革命を締めくくった。国の指導者に従って、国のために戦い、勤勉、忠実に働き、友と仲良く、弱者にやさしく、仏に祈りを捧げる、という人間像を理想としていた。当時、「ピブーンを信ずれば国家は安泰」「国家の安全は指導者を信ずること」等、ピブーンの独裁を讃え、扇動するスローガンが作られ、新聞の第一面に掲げるように義務付けられた。戦争の影があり、重苦しい世相と雰囲気の中、軍国主義、独裁主義への精神の統制、規律を国民に求めようとしていた。

15　抗日への準備

日本がガダルカナル島撤退を決意したのは、一九四二年一二月三一日、開戦からわずか一年後のことであり、アジア太平洋戦争は大きな転機を迎えることになる。同じ頃、タイではバーンポーン事件が発生した。一九四二年一〇月以来、シンガポールからイギリス、オーストラリア、オランダ等の将兵の捕虜を、泰緬鉄道建設の労務者として運んで来て、バーンポーン駅に終結させていた。バーンポーン駅から分岐して、泰緬鉄道の建設がすでに始まっていた。バーンポーン駅にはタイ人労務者も集まっていた。一二月一八日夕方、タイ

の僧侶が白人捕虜にタバコを恵んだことから、日本兵がそれを見咎め、その僧侶を殴り倒した。今度はそれを見咎めたタイ人労務者が騒ぎ出した。夜になって、日本兵がタイ人労務者の宿舎に殴り込みをかけ、さらにカーンチャナブリーに駐屯する鉄道部隊が、バーンポーンの警察署を襲撃して、日本、タイ双方に数名の死者を出した。

タイでは僧侶は聖職者である。世俗の者が僧侶を殴るようなことは、絶対にあってはならないことである。近くの陸軍基地のタイ軍が日本軍に対抗して不穏な動きを始めたので、ピブーンはただちにタイ将兵がバーンポーンの日本軍駐屯地に近寄らないように命じた。

日本側もバーンポーン事件を重視し、急遽、中村明人中将をタイに派遣した。中村はタイ駐屯軍司令官として一月二一日に着任した。バンコクでは抗日戦の噂がしきりに流れ、部隊の移動はそのためであるとまことしやかに伝えられたりした。ピブーンは噂を否定するために、「兵や資材を移動させているのは、空襲を避けるためと、北タイ方面軍の前線を支援するためである」と言わねばならなかった。

ピブーンの説明は事実であったが、噂の方もまんざら嘘ではなかった。一九四三年一月二五日、チエンマイ、ランプーン、ランパーン、チエンラーイ、プレー、ウタラディットの北タイ諸県から、外国人を追放し、日本大使館が旧チエンマイ王の宮殿を、日本領事館として買収するか借り上げようとしている動きに、ピブーンは待ったをかけて、二月八日付けで政府が至急買い上げるように命じた。さらに日本人が北タイで土地を購入しようとしている件に、調査して報告するよう命じた。北タイでの日本軍と日本人の行動をできるだけ規制、封じ込めておいて、タイ軍による守りを固めようという意図であった。それは来るべき抗日戦への戦略でもあったのだろうか。

ピブーンの態度は確かに変化した。三月三〇日、ピブーンは反日派と目されていたプリーディーを招待し、最高司令部付法律顧問に任命した。ピブーンの誕生日七月一四日は、前年は盛大に祝ったが、今年は戦時下であり、物価高騰の折でもあるから祝賀会は中止する、とピブーンの方から申し出た。

対日協力から非協力へ、派手から地味へ、日本側との接触を避ける気配に日本側も気づいた。当初、昭南市（シンガポール）にピブーンを呼んで落ち合い、会見する予定にしていた東条英機首相も、予定を変更して七月三日にバンコク入りした。

翌四日にピブーンと会見し、「友好関係強化とマラヤおよびシャン州の領土割譲に関する声明」を発表した。かつてタイ（当時はシャム）が宗主権を持っていたマラヤのクダー、クランタン、トレンガヌ、プルリスの四州と、ビルマのシャン州、ムアン・パーン（モン・パン）をタイ領として、タイに割譲するというものである。

シャン州は雲南へ出るルート上にあり、タイ外征軍は日本軍と一緒に一九四二年五月にシャン州に進軍していた。また住民のシャン族は同じタイ系の民族でもあり、タイ領として獲得しておきたいが、マラヤ四州は日本領マラヤに接し、異民族、異教徒、異文化圏であった。有難いというよりも運営が厄介であった。しかも、フランス領インドシナとの国境紛争の時と同じように、日本は確実に莫大な借款を申し入れてきた。すなわち、第四期（一九四三年七月～一二月）借款として、八七四〇万バーツをタイ政府に申し入れてきた。七月三一日の交渉では、六〇〇〇万バーツに値切れたものの、それでも当時の年間予算の（一九四二年は一億二五八六万バーツ）の半分にも相当する額であった。当然インフレが進行した。

16　大東亜会議

一九四三年一一月五日、東京で大東亜会議が開催され、日本の東条英機総理、中華民国南京政府汪精衛院長、満洲国張景恵総理、ビルマ総理バー・モウ博士、フィリピン大統領ラウレル博士らと並んで、タイからのピブーン総理の出席が懇請された。しかし、ピブーンは心臓に疾患があると医師のアドバイスがあるためと、出席を固辞した。ところが、ピブーンは緊急時の首都移転のため、七月末から八月初めにかけて、東北タイのナコーンラーチャシーマーを視察し、さらに八月二九日から九月四日まで、同じ目的でペッチャブーンを精力的に視察していたのである。外交儀礼として、一国の首相が訪問すれば、答礼訪問しなければならないはずであったが、日本にはもはや義理も未練もなかったのであろう。

ピブーンはワンワイタヤーコーン親王を代理として出席させた。ワンワイタヤーコーン殿下は大東亜会議で演説して、

大東亜戦争の遂行と大東亜共栄圏の建設に関するわが政府の見解は、タイ日関係の基盤として遂行されるに相応しい政策であると考えます。従来からの友好協力関係と理解をさらに深め、増進させるのには、ひとえに一心同体となって、戦争遂行と大東亜共栄圏の目的達成が重要であります。

と結んだが、外交辞令とはいえ、自らの演説の白々しさに対し、親王自身の本音は、「日本は「大東亜共栄

圏」なる政策を推進しているが、一体何を意味するのかわからぬ。まして日本語の「八紘一宇」と言って、同じ屋根の下にいるのだと言われても、ますます何のことやらわからなくなる」と、帰国後に書いた文で、日本の抽象的なスローガンの空疎さと実感の無さを批判していた。

対日非協力は、さらに日本軍の行動規制へと締め付けを強めた。一九四三年一一月一六日、タイの最高司令部は、①ラーマ五世王像周辺、②憲法記念塔、③戦勝記念塔、④ラーマ六世王像周辺、の四か所での日本軍の演習や訓練、行進を実施しないよう申し入れた。国民感情を刺激してはいけないから、という理由であった。近代タイを象徴する記念像や記念塔の前での外国軍の訓練は、ますます反日感情を刺激し、日本軍にとって不利であることは理解できた。

17　連合国軍の空襲とペッチャブーン遷都計画

連合国軍の空襲が激しくなってきて、タイでも空襲警報を出さねばならなかった。一九四三年一二月は九回、一九四四年一月には二五回も発令された。一月二日には北タイのチエンマイ駅、ランパーン駅が、一月二四日にはバンコク中央駅、バンコク中央郵便局、二月一三日には日本大使館が、連合国軍の空襲を受けて焼失した。連合国軍は日本軍に利するような施設を選んで、狙い違わず爆撃した。

そんななか、東北タイの辺鄙な地ペッチャブーンへの遷都は、ひそかに準備されていた。一九四三年八月一一日に、政府の移転準備命令が発せられ、九月五日に移転委員会の設置、委員の任命が行なわれた。国家財産・貴重物の移転、石油貯蔵基地、政府庁舎、印刷所、放送施設、病院、宿舎、兵舎、鉄道の施設などが立案され、一九四三年一二月には各省庁に移転実施を促していた。そして、一九四四年二月四日にはチュアン・チャウェーンサックソンクラーム大佐を副首相に任命し、ペッチャブーン駐在を命じた。バンコクから逃避する体制であった。

一九四四年に入ると、日本大使が会見を求めても、ピブーンはペッチャブーンに滞在して、会見できるのは四月上旬になると回答して、会見を極力避けるようになった。

日本側を避けたり、連合国軍の空襲を避けるだけでなく、積極的に、軍事的に日本軍に反撃する戦略も秘密裡に立案され、準備が進められていた。一九四三年一二月、ピブーンはチラ・ウィチットソンクラーム陸軍中将を北タイ方面軍司令官に任命し、雲南国境での中国国民党の重慶軍との連絡を指示した。その結果、数回の接触が行なわれた。司令官が替わっても連絡は続けられ、タイ側は重慶軍に対し、連合国軍にも連絡して、タイ側の意向を伝えて欲しい、と要請した。そして、在米タイ公使館付武官で、抗日のため重慶に滞在していたカープ・クンチョーン中佐の書簡が、重慶軍を通じてピブーンの手許まで届いた。一九四四年二月一五日、アドゥン警察少将をカンボジア国境のドンラック地区の軍の指揮と政府代表に任命したが、これはアドゥンをタイ政府代表として、重慶に送り出すためのカムフラージュ作戦であった。

18　抗日戦線へ連帯を求めて

ピブーンは抗日作戦も練っていた。まず、バンコク駐屯の第一師団をバンコクの北郊に布陣し、第二師団をケーンコーイ、サラブリー、タールアに至るパーサック川に沿って、バンコクの第一師団の後方に布陣する。第一師団、第二師団への支援部隊をロッブリーからチャイヤバーダーン、ペッチャブーンに布陣する、北タイ方面軍がランパーン、チエンマイに駐屯する日本軍の武装解除にあたる、という内容である。タイ・ビルマ国境のメーサーイからケントゥン、さらに中国国境への道路建設と、チエンラーイからファーン、ランパーンからチエンマイへの道路建設を準備していたのも、中国の国民党軍を北部国境から導入して、共同戦線をはるためであった。また、北タイ方面軍をランパーンからバンコクに移動させる場合、東側の経路、ロムサック、ペッチャブーンのルートを確保し、日本軍に見つからないようにすることを考えていた。

一方、陸軍基地のあるロッブリー一帯を、日本軍の攻撃から守るため、ロッブリーのすぐ南にある名刹プラプッタバート（「仏足跡」という名の寺院、二畳分ほどの仏足跡が安置されている）に仏都を建設して、聖域として、日本軍が進入したり占領したりできないようにしようと考えていた。

19　ピブーン首相辞任

一九四四年七月二〇日、ペッチャブーン遷都案、正式には「仏暦二四八七年ペッチャブーン市行政規則法案」が議会に上程された。ピブーン自らは議会に出席せず、内務副大臣に趣旨説明にあたらせたが、賛成三六、反対四八で否決された。次いで七月二二日、ロッブリーの仏都建設案は、プラユーン文部大臣の趣旨説明の後、議決の結果、賛成三一、反対四三でこれも否決され廃案になった。七月二四日、議会の解散を避けてピブーンは首相を辞任した。東条内閣が辞任した六日後のことである。辞任後はロッブリーの陸軍基地に居住していたが、クワン・アパイウォン内閣になって、最高司令官も解任された。しかし、ピブーンの政治家としての全ての地位が奪われたのではなく、新たに国家顧問という地位が与えられた。

戦後、ピブーンは戦争犯罪容疑者として、一九四五年一〇月八日に逮捕された。翌年一月一六日に裁判が行なわれ、①独裁者であり、ドイツ、イタリア、日本と同様に権力を行使し、戦争遂行した、②タイ人の性格として戦争行為を好まぬ、③ピブーンは傲慢、絶対権力を掌握しようという意欲満々であった、強烈な独裁主義者であり、国家主義者である、日本の戦争に協力加担し扇動した、④戦争犯罪は世界平和の害である、などとして裁かれることになった。ところが、一九四六年三月二三日の判決で、「「仏暦二四八八年戦争犯罪法」の発効以前の行為を裁く条項は、タイ国憲法第一六条に違反し、第六一条により無効である、従って法律発効前の行為について、被告を処罰する道はない、よって、被告は釈放される」と、ピブーンは裁判にかけられることなく釈放された。起訴理由からして無理があった。

ピブーンは軍人としてフランスに留学したことがあり、フランスの近代化を学んだのであろう、その政策には、男女平等、位階勲等の廃止、など斬新な政策が実施され、旧弊の廃絶など、近代主義者としての一面を持つ。また国名変更、失地回復などでは国家主義者、民族主義者などの顔を持つ。そして、日本が進駐してくると軍国主義者となって、日本に協力したとされている。いや協力せざるを得なかったのであろう。

ピブーンは戦後、陸軍を基盤にして政界に帰り咲き、再び首相の地位に就くが、強引な政治が対立する軍部のクーデターを招いた。一九五七年九月に政権の座を追われ、海外を流浪した挙句、同年一二月に日本にたどり着き、中村明人元タイ駐屯軍司令官、坪上貞二元大使、三井銀行の佐藤喜一郎、三菱商事の新田義実らバンコクで旧知の面々の出迎えを受けていた。神奈川県相模原市に滞在して一九六四年六月一一日に、相模原の寓居でその生涯を閉じた。享年六六歳であった。

第二章　タイ駐屯日本軍

1 「タイ駐屯軍」と「インドシナ駐屯軍」

一九四一年一二月八日以降、東南アジアに進攻した日本軍は、次々と各地を占領して、軍政をしいていた。例えば、第一四軍はフィリピン、第一五軍はビルマ（現ミャンマー）、第一六軍はジャワ島、第二五軍はマラヤとスマトラ島、といった具合であった。独立国タイに対しては、開戦直後に日本軍の通過を認めさせ、一二月二一日に「日タイ同盟条約」を結び、翌年一月三日には「日泰協同作戦ニ関スル協定」を結んで、タイの独立と主権を尊重し、軍政はもちろんのこと、タイ国内での顕著な軍事行動を差し控えてきた。例えば、一九四二年六月二九日に大本営が南方軍（南方総軍）総司令官に対し、南方要域の安定確保と外郭地域に対する作戦準備を命じたとき、タイに関しては、「泰国駐屯兵力ハ情勢ニ変化ナキ限リ最小限ニ止ムルモノトス」としている。そして、大本営の命令に基づき、南方軍はタイについて、

一、日泰同盟の本義に鑑み、逐次日本軍兵力を撤収する。

二、駐泰陸軍武官は泰国をして帝国戦争遂行に協力させるとともに対支［中国］封鎖を強化させ、対敵

通牒［スパイ］の取り締まりを厳にする。

三、泰、緬甸《ビルマ》鉄道を速やかに完成し、緬甸作戦軍の完全な一後方連絡線を強化する。

という方針をたてていた。

この通りなら、タイに駐留する日本軍は削減されることになるはずであった。一九四三年一月になって、「タイ駐屯軍」（当時は「泰駐屯軍」）を設置して、バンコクに司令部を置いた。当時、「タイ駐屯軍」に先んじて「駐屯軍」を置いていたのは「インドシナ駐屯軍」（当時は「印度支那駐屯軍」）であった。フランス領インドシナ（以下、略して「仏印」）において、日本軍はすでに開戦前の一九四〇年九月二三日に北部仏印に進駐を始め、翌年七月二八日には南部仏印に進駐していた。そして日本が開戦すると、仏印共同防衛に関する日仏軍事現地協定を結んで、インドシナのフランス植民地政府とは友好関係を維持しながら、中国のインドシナ侵入を阻止しようという軍事目的達成のため、広範な権利を獲得していた。フランスのインドシナ現地軍は、日本軍の進駐後も武装解除されることなく兵力を温存しながら、フランスは植民地経営を続けていた。だが戦況が厳しさを増すと、大本営はインドシナに軍司令部の設置を検討し始め、一九四二年一〇月二〇日には設置を内定した。続いてタイにも軍司令部の設置を検討し始めていた。

「インドシナ駐屯軍」は一二月五日にサイゴン（現ホーチミン）に置かれた。ただし、司令部は渉外司令部的性格が強く、第二一師団等在仏印の諸部隊を指揮するだけで、十分な幕僚もなく、通信機関も欠いていた。「インドシナ駐屯軍」が中国の侵入を阻止するために設置されたのであれば、サイゴンではなくて、中国に近い北のハノイに設置したはずであるが、南のサイゴンに置いたのは、「インドシナの安定確保と対重慶圧迫の強化」という二つの目的を担わせたからであった。一か月後には「タイ駐屯軍」が設置されている。「駐屯軍」が置かれたインドシナとタイの両地域に対しては、戦争末期の扱いもよく似ていた。インドシナの場合、一九四四年八月、パリが解放され、一九四五年二月にアメリカ軍がマニラを日本の支配から奪い返すと、インドシナは南シナ海を挟んですぐ対岸に位置していた。一方、西から進攻してくる英印軍が、ビルマのイラワジ川に殺到すると、一九四四年一二月二〇日に、「インドシナ駐屯軍」を「第三八軍」に、「タイ駐屯軍」を「第三九軍」にして、戦闘体制を強化した。さらに、もしアメリカ軍がインドシナに上陸すれば、フランスのインドシナ現地軍は呼応して蜂起し、日本軍を襲うのではないかという恐れから、最高戦争指導会議は翌一九四五年二月一日に仏印の武力処理を決定し、三月九日に武力行使して、フランスのインドシナ現地軍を武装解除した。

三月一日の、最高戦争指導会議「仏印処理ニ伴フ対「タイ」施策ノ件」では、「帝国ノ「タイ」ニ対スル態度ハ既定方針ニ拠リ　特ニ其ノ動揺ヲ防止シ対日協力ヲ促進スル為　左ノ通リ施策スルモノトス」として、タイ政府を支援し、対タイ援助の強化に努める、仏印処理発動について、その真意をタイ政府に説明し、従来通りタイの自主独立を支援する等、を決定していた。事実、元タイ駐屯軍司令官、当時は第三九軍司令官であった中村明人中将は、三月九日午後七時、官邸にクワン・アパイウォン首相とシン国防相を招いて、一時間後に断行される仏印処理について説明していた。中村によれば、南方軍の少壮将校には、「タイから秘密が敵側に洩れて困る。タイと仏印はいつか武力処理をして禍根を取り除かねばならない」という発言が、いつとはなしにタイの将校や官吏の耳に入り、タイ側は不安にかられていたという。

タイ国軍が日本軍によって武装解除される恐れは十分にあった。例えば、一九四五年七月一七日の最高戦争指導会議決定第二六号の「対泰措置ニ関スル件」では、

一、現下ノ情勢ハ泰国ニ対スル武力処理ハ之ヲ行ハザルモノトス　之ガ為凡有手段ヲ講ジテ最悪事態ノ惹起防止ニ努ム

二、情勢真ニ已ムヲ得ズシテ武力行使セザルベカラザル場合　之ガ発動ニ付イテハ別ニ定ム

とあるからである。その前日の七月一六日には、タイの「第三九軍」は「第一八方面軍」と、戦闘兵力をさらに増強した実戦軍になっていた。

「タイ駐屯軍」から「第三九軍」へ、「第三九軍」から「第一八方面軍」へと、脱皮するかのごとく、次第に戦闘力を充実させていった。「タイ駐屯軍」は、独立国タイでどのような任務を帯び、どのような行動をしていたのか、そして、どのように変貌していったのか、「タイ駐屯軍」以来「第一八方面軍」に至る間、司令官を務めた中村明人中将の未公刊手記『駐泰四年回顧録』を手がかりに分析を試みる。

2　日タイ協同作戦

一九四一年一二月八日、日本軍がタイに進駐したとき、坪上貞二大使がタイ側に要求したのは、①日本軍の通過を求め便宜をはかる、②日本タイ共同防衛協定を結ぶ、③日本タイ同盟条約を結び英米と戦う、という三つのうちのいずれかを選ぶものであった。タイはすでに進駐してきている日本軍を見て、最低限の協力

写真7　カーンチャナブリーまで貨車で運ばれてきた日本軍は、駅で下車して、ここからは徒歩でビルマに向かう。［1942年1月11日］

ですむ、通過を認める、を選んだ。その二日後の一二月一〇日夕にタイ側から攻守同盟締結の申し出があり、二一日に「日タイ同盟条約」を締結した。南方軍総司令官は一二月三〇日、タイ駐屯の第一五軍司令官飯田祥二郎中将に、タイ国軍事当局との間に協同作戦に関する協定を結ぶよう命じた。翌年一月三日に飯田中将、左近允《さこんじょう》尚正海軍少将とタイ国軍最高司令官ピブーン元帥との間に「日泰協同作戦ニ関スル協定」が締結された。日本側の協同作戦の意図は、日本軍が必要に応じて実質的にタイ国軍を指導することにあった。ありていに言えば、タイ国軍を日本軍の指揮下に置こうとしていた。ただ、タイ側の体面を重んじるために「協同」を原則としたのだった。だから、協定による協同作戦を行なったのはわずかに一度だけだった。

　第一五軍のビルマ作戦が好調に進むと、開戦直後から下ビルマに進出を欲していたタイ国軍は、ビル

写真８　ターク県メーソート郡のムーイ川を渡り、ビルマに入る日本の戦闘部隊。［1942年１月20日］

マまたは雲南に向かう北方作戦を熱望していた。しかし、タイ国軍の実力が不明であるため、日本軍はタイの再三の外征要求を断っていた。ところが、大本営より南方軍参謀長に対し、「帝国全般ノ国策上　泰国今後ノ指導ニ就テハ同国ノ政情特ニ「ピブーン」首相ノ立場ヲモ考慮スル必要アルニ依リ　努メテ速カニ同国軍ヲ北部「ビルマ」ニ進攻セシムル如ク指導相成度依命」と打電があったので、南方軍は「日泰両軍対支協同作戦大綱」を策定し、タイ国軍をサルウィン川以東の地区に進出させることになった。守屋精爾駐タイ大使館付陸軍武官がタイ国軍と連絡をとって、タイ側の作戦を指導していた。五月一〇日に日本側で「タイ外征軍」と呼んでいた北方軍（Kongthap Phayap）が、ビルマのシャン州に入り、五月二六日にはケントゥンを占領、サルウィン川以東のシャン地方はタイ外征軍が防衛することになった。日本とタイとのこの時期の交渉には、日本のみならずタイ側にも領土拡張の野心が見られ、ピブーン政権を支持強化しようとする強い意志と配慮が、日本側にうかがわれる。

3　昭和天皇とタイ駐屯軍の誕生

かつては日本一強力と謳われた第五師団を指揮して、一九四〇年九月に北部仏印に進駐したことがあり、その後、憲兵隊司令官を一年ほど務めた中村明人中将が、一九四三年一月四日、東条首相からタイ駐屯軍司令官に親補する辞令を受け取った。東条首相から「この人事についてはお上［昭和天皇］も殊の外御関心につき、気をつけてやってもらいたい」「泰緬鉄道のバーンポーン事件が日泰同盟に与える影響を憂慮して」という言葉を聞いていた。タイ駐屯軍の誕生には、日タイ同盟の護持という目的があり、昭和天皇のご意向も反映されていたという人事であった。インドシナ駐屯軍の設置とは全く異なる動機があった。そして、司令官に任命された中村には、実戦部隊を持たない「兵力なき軍司令官」であったと中村は述べ、「本大戦間稀に見る変った人事の存在であったと思ふ」と回想している。

「稀に見る変った人事」には、二つの理由があげられる。ひとつは「兵力なき軍司令官」である。中村はタイに赴任する前に、在京のタイ大使館に挨拶に行った。タイの大使は休暇で帰国中であったが、強面の将軍がタイ駐屯軍司令官として赴任すると聞き、当初タイの大使館員は緊張していたが、タイの駐在武官が「閣下は何個師団くらいお持ちですか」と尋ねると、中村がそばの参謀を指差して「この参謀一人が唯一の兵力です」と答えると、みな大笑いして、なごやかな雰囲気になった、と回想録で語っている。タイ側に与えた最初の印象は悪くなかった。

もうひとつの理由は、昭和天皇のなみなみならぬご関心があげられよう。中村は赴任に先立ち、天皇から

「特別の思召を以て聖上陛下から白絹一匹と御紋章入三つ組木杯一組を賜はった」と言い、白絹には、徳富蘇峰に「明浄和親」と揮毫してもらって、任地に持っていっている。

その後、このタイ駐屯軍に対して、昭和天皇は二度も使節をバンコクに差し遣わしている。一九四三年一一月一七日に尾形健一侍従武官が、天皇のお言葉と恩賜の清酒、タバコを持参し、皇后より傷病兵へのお見舞いのお言葉に菊花を添えて伝えている。また翌年六月頃にも、清家武夫侍従武官を差し遣わし、お言葉を司令官に、清酒、タバコを軍将兵一同に下賜され、皇后より傷病兵へ慰問のお言葉を賜っていた。

昭和天皇のタイに対するお考えは、陸海軍が開戦前の「対仏印、泰施策要綱」を練る第一段階で、南部仏印とタイに確固たる足場を確保しようと、陸海統帥部で意見が一致したとき、天皇は統帥部を批判して、基本的には南部仏印進駐にも日タイ軍事同盟（協定）にも慎重だった、ということがあげられる。兵士の乱暴狼藉や武力衝突のないようにせよ、という天皇のご発言から、相手国での摩擦を危惧しておられたことが推察できる。

一二月八日の宣戦の詔勅には、日清・日露戦争のときには「国際法の遵守」のくだりがぬけているのを、天皇はすぐに気づかれ、東条首相に何度もただされた。東条は「タイに軍が入りますので書けません」と押し切った、と言われている。タイからの通過許可を受けずに日本軍はタイ南部のソンクラーに先遣部隊を上陸させ、イギリス領マラヤに侵攻することになるのが、国際法違反になり、「国際法の遵守」を詔勅に入れると、天皇が嘘をつくことになる、という理由であった。天皇は「ナポレオンもビスマルクも戦略家で攻撃的であったが、国際信義を重んじ、国際条約を破るということはなかった」と、開戦後もよく話しておられたという。

戦前から日本の皇室とタイの王室とは交流があった。天皇には開戦にあたって、独立国タイを侵犯したくない、という思いをお持ちであったのであろう。タイにことのほか気を遣っておられたことが、タイ駐屯軍司令官の任命や侍従武官の派遣にうかがわれる。このことはタイ駐屯軍司令官のタイでの言動に少なからぬ影響を与え、タイ駐屯軍のタイでの行動や態度にも規制を加えていたであろう、と推察される。

4　外交と軍事を担う司令官

中村明人中将はバンコクに赴任する途中で、各地の司令官に会っているが、一九四三年一月一七日、二か月前にインドシナ駐屯軍の司令官となった町尻量基中将と河村参郎参謀長にサイゴンで会ったとき、「タイと仏印とはその政情は異なるが、作戦軍でない駐屯軍は、政戦両略の間に挟まれて、なかなか複雑な業務が多く、心労また少なからざるものがある」と聞かされていた。占領地の軍政とは異なる、異国の政権を相手に外交と軍事を担当する難しさがあることを予感させた。

翌一月一八日には昭南市（シンガポール）の南方軍司令部にて、中村は命令指示書を受け取っている。南方軍のもとでの任務は、ビルマ作戦に関する日タイ両軍協同作戦要領に基づき、タイの防衛に任じ、かつビルマのシャン北方より重慶に重圧を加え、タイに駐留し出入り通過する日本軍の軍紀を維持し、軍法会議を管轄し、宿営・給養・衛生を手配する、となっていた。言いかえれば、後方兵站基地としてタイの防衛と、通過部隊の保安維持、という二つが主な任務であった。

二月一日に編成を完了した駐屯軍は、駐屯歩兵第八二連隊第二大隊、南方軍第二憲兵隊、特設自動車一中隊、独立高射砲一中隊、兵站地区隊一隊、南方軍第一六病院、日赤救護第三四〇班、俘虜収容所（二月に再び鉄道隊司令官の指揮下に帰る）であった。このなかで、戦闘部隊は駐屯歩兵第八二連隊第二大隊の一個大隊だけであった。駐屯軍は戦闘部隊というよりも守備隊という性格であった。ビルマのシャン州から、中国の重慶に拠った国民党政権に重圧を加えるという、南方軍の命令指示に応える戦力はとても持ち合わせていなかった。

5　タイ駐屯軍の任務

タイ駐屯軍の任務は結局、タイに駐屯する日本軍の軍紀を維持し、日タイ同盟の主旨に基づき、日タイ間の協調を円滑にすることであった。具体的には、大使館の外交交渉を補佐する、もうひとつの外交使節団であった。中村司令官が、しばしば坪上大使とともにタイ側との公式会談や行事に同席したことや、中村があげるタイ駐屯軍の目的と任務の内容がそれを示している。

一、日タイ同盟の本義を守り、日タイ親善を強固にする。
二、タイの独立を尊重し、国の隆盛、国民の安寧幸福を念願、同盟の最終目的である戦勝獲得まで邁進。いたずらに内政干渉しない。

三、日タイ両軍の協同の威力を発揮させる。

この三点は、中村がタイ側との最初の公式会見として、プロムヨーティー副首相の歓迎会で演説したとき、特に強調した点であった。

日本軍関係の外交交渉となる、日本軍がタイに進駐して一年間に発生した未解決問題としては、

一、日本軍未決債務処理。タイ政府、地方官憲、民間より納入物件・消耗品代の支払い。

二、敵性残置物件の処理。日タイ政府連絡所を設置し、ボルネオ会社の木材工場、図書館、印刷工場等の両国のいずれの所有あるいは使用に供するか、直接作戦に必要なものは日本軍が優先使用することで、円満に解決し調印文書を交換した。

三、バーンポーン事件の解決。首魁［僧侶を指す］は極刑に処し、その他は厳罰にする。タイ側は日本軍に対する謝罪および将来を保証。日本軍死者に対し賠償金八万バーツ支払う［支払われた賠償金は、日本軍進駐時の戦闘で戦死した遺族への見舞金としてタイ側に贈られた。僧侶は戦後に釈放された］。

四、軍紀の粛正。ビンタ取り［平手で頬を打ち、教訓とする］はタイの風習として忌むべき行為、裸体を公衆の面前にさらす行為や立ち小便を禁止させる。日本軍将兵必携のパンフレットを数十万部作成し、タイ入国の際に配布する。

五、兵器材料の供与。タイ側は兵器材料、日常物資の補給を期待したが、軍の自給自足の優勢を説き、修理工場の増設、整備を強要した。軍需天引きを抑え、キニーネ等をタイに渡す［一九四三年七月

三日にタイを訪問した東条首相は、帰国後にタイ空軍に「隼」戦闘機二一機を供与、バンコクの防空にあたらせている」。

日本側が恐れていた対日感情の悪化の原因理由として、

一、一九四二年一二月一八日に泰緬鉄道の起点で日本兵がタイの僧侶を殴打して起きた、日本軍鉄道隊と地元労働者や警察と衝突するバーンポーン事件。

二、タイ側はバンコク市内のルンピニー公園に兵舎用としてバラックを用意したのに、日本軍はチュラーロンコーン大学を兵舎として使用した。

三、大東亜省の設置により、外交交渉を外務省から移管した。

四、タイ駐屯軍の設置がタイの独立を脅かす。

と中村は分析していた。一、は日本兵が地元の慣習を無視し、僧侶に乱暴した傲岸不遜《ごうがんふそん》な行為、二、は大学教育を阻害無視した横柄な行為、三、は属国扱い、である。東条首相の「大東亜共栄圏の国々は外国ではない」という発言にもうかがわれる。四、については、中村司令官が着任したとき、ピブーン首相は視察旅行のため、出迎えなかった。わざわざバンコクを留守にしたのは、ピブーン首相が日本のタイ駐屯軍を歓迎しない、ということを婉曲に表明し、日本軍に迎合的な態度を示したくない、という意向を表現して見せた、と受け取られる行動であった。

6　中村司令官の友好親善活動

中村司令官は、着任後の一九四三年三月四日にはタイ西部のカーンチャナブリー方面、泰緬鉄道視察、四月一日にはタイ外征軍のチエンラーイ司令部を訪問、北部のチエンマイ、ランパーン、チエンラーイ、メーサーイを視察した。この北タイを視察したときに作詩した漢詩がある。

盟軍鉄石屯　北泰巡回閲途上作　中村明人
　翠巒如繪北疆門
盟約牢固鉄石屯
泰史千年無滅續
來観自得巨人存

大意は、「北の美しいチエンマイ、日タイ同盟は磐石で、タイの独立千年続き、巨人（ピブーン）の存在がある」となる。

この漢詩は、タイ国立公文書館の公文書の中にもタイ語訳が保存されている。「巨人」としてピブーンを讃えた漢詩は、大意がタイ語訳されてピブーン首相に献上された。中村司令官が一月二一日にバンコクに着任していたが、ピブーン首相と会見できたのは二月一〇日であった。それほど焦らされてもなお、この歯の浮くような内容の漢詩を贈る気遣いを示していた。

中村は「兵力なき軍司令官」がタイの防衛に任じ、その治安を全うしていくうえで、タイ首相の威令が全土に及ぶのが絶対条件であり、ピブーン政権を支えていくのが、日本軍にとって最も有利であると考えていた。

タイ東部へは四月一四日に出発し、プラーチーンブリー、アランヤプラテート、新領土となった旧カンボジアのシーソーポン、バッタンバンを視察していた。こうした視察旅行では、中村は努めて地方に駐在する軍の要人や地元の県知事と交流を重ねていた。タイ各地で部隊を展開させねばならないときの布石と考えてのことであろう。そして、戦局が悪化した場合、ナコーンナーヨック地域を日本駐屯軍の用地として使用することを、すでにタイ側から暗黙の了解を得ていたという。最悪の場合、連合国軍との戦闘を想定して、バンコクが戦火の巷とならないようにするための深謀遠慮の選択であった。結局、ナコーンナーヨックでの陣地構築中に敗戦となり、捕虜となった日本軍将兵を抑留する収容所となった。現在、ここにはタイ陸軍の士官学校の施設がある。

一九四三年一二月八日、開戦二周年を迎えて、記念のレセプションが大使と軍司令官との共催で軍司令官官邸で開かれた。タイ側はピブーン首相、国会議長、宮中顧問官、各省大臣、陸海空三軍の首脳が招待された。大東亜共同宣言を徹底させ、日タイ同盟の実を高揚させるのが目的であったので、ちょうど一か月前に発せられた大東亜共同宣言の翻訳朗読、中村司令官の戦争完遂に関する覚悟、日タイ両国の採るべき態度について講演、坪上大使は大東亜共同宣言の意義と覚悟について講演していた。すでに一一月五日の東京での大東亜会議は、ピブーン首相が欠席し、ワンワイタヤーコーン殿下が代理で出席していた。単に親善だけでなく、同盟関係の維持と引き締めの意図があった。大東亜会議にピブーン首相を招致するのに失敗した坪上大使は、翌年四月九日、賜暇休暇という名目で大使を辞任し、自ら責任を取った。

7　連合国軍の爆撃

一九四三年一二月二三日夕に、連合国軍の爆撃機三〇機がバンコク上空に現れ、ニューロード、シーロム、スリウォンといったバンコクの繁華街を爆撃、死者一一名、焼失家屋が一〇数軒になった。ウェンドラ・ドイツ公使からは、被災家屋に対して、中村司令官、坪上大使と三人で見舞金を贈りたい、との申し出があり、中村は賛成であったが、念のため南方軍の内意を得てからと通知したところ、シンガポールからも東京からも、「見舞金なぞ出す必要ない。タイは同盟国ではないか。その同盟国が爆撃に遭うのはやむを得ないのである。今後、頻繁に爆撃を受ける覚悟がなければならん。つまらん前例を作るな」という返事であった。結局、中村司令官は別行動で参謀長を代理にバンコク市長を訪問させ、見舞いの言葉を贈った。中村は、

ドイツ公使の発案に同意したのは、日タイ同盟があったからで、日タイ同盟という名はうれしく華やかであるが、もともとピブーン総理はじめタイ国一千七百万の国民が自ら進んでこの大戦に参加したのであろうか、それは開戦当時の経緯が明らかに示すように、日本の威力に屈伏して、いやいやながら参戦したものである。

と、現地の感情と雰囲気に一顧だにしない日本軍の上層との意識の落差を嘆き、「市民としてこんな爆撃を受けることはやりきれない、日タイ同盟を結んで日本軍が駐屯するからこういうことになる、日本人を追い

出せ、ピブーン政権を倒せ、という感情が高まっているのを、南方軍は顧慮しない」と対日感情の深刻さを理解しない南方軍に憤慨していた。

8　ピブーン内閣総辞職

一九四四年七月一八日より中村司令官がクラ地峡横断鉄道付近の視察に出て留守中の七月二〇日に、ピブーン首相のペッチャブーン遷都案が否決されたという緊急情報が伝えられ、急遽バンコクに帰還、その途中で七月一八日に東条内閣が総辞職したと伝えられた。七月二九日にはピブーン内閣も辞職した。中村司令官はプラヤー・パホン大将を病中に見舞い、政権の円満な授受が行なわれ、武力の使用なきよう、斡旋を要請していた。ところが、バンコクでの政変で、日本軍とタイ軍とが交戦中、と誤って伝えられたクラ地峡を挟むインド洋岸の町ラノーンに駐屯する日本軍守備隊では、地元警察を武装解除、数か所で衝突を起こし、タイ側の軍・警察に一九名の死者が出た。夜が明けて大失態であったとわかると、クラ地峡横断鉄道を統括していたチュンポーン方面守備隊の隊長は自決しようとした。自決は未遂に終わったが、南タイを管轄する第二九軍司令官は南タイ司令官セーナーナロン中将に陳謝し、タイの新旧政府に対しては、司令官代理の藤村益蔵参謀長が陳謝、杉山元陸軍大臣、梅津美治郎参謀総長、寺内寿一総司令官の代理として、中村司令官がクワン・アパイウォン新首相に陳謝した。八月一〇日には、中村司令官が山田國太郎参謀長を伴い、まずロッブリーに滞在するピブーン元帥を訪問、一年有半の間の友好協力に感謝し、ラノーン事件に陳謝していた。

タイの新内閣を組織したクワン首相へは、その翌日に訪問して陳謝している。

一九四五年八月一〇日夜、日本の無条件降伏受諾について、タイ政府に公電が入ると、翌一一日、外務大臣公邸での昼食会で、クワン首相が中村司令官に、「日本政府はポツダム宣言を一〇日に受諾した。タイは自由な行動をとられたし、という公電を受け取った」と、内々に伝えてくれた。八月一六日夜、今度は中村司令官の方が、前ピブーン内閣閣僚、現クワン内閣閣僚、日タイ連絡にたずさわったタイ側高級官僚、陸海空三軍の将軍をタイ駐屯軍司令官官邸に招待して、連合国軍の指揮を受けるに先立ち、タイ国政府および三軍首脳に決別の意を表し、同盟国として四年近くの協力援助を惜しまなかったタイの人々に感謝の挨拶をする、最後の別れの宴を催した。

中村の挨拶は、
タイの独立を尊重し、タイ国民の幸福を仏に祈りつつ、日タイ同盟の信義を貫徹し、戦勝を全うせんとして、タイ国上下の信頼厚き援助を受けて、今日に至った。不幸にして降伏の身となって、終戦処理を担当することになるが、慈悲心深いタイ国民に変らざる友情をお願いして、深甚の感謝と厚き仏の恵みが貴国と貴国民に垂れんことを祈る。

という主旨の内容であった。

八月一七日にはプリーディー・パノムヨン摂政と会見し、過去の援助に感謝し、今後の友情を希願していた。すると、翌一八日にはクワン首相が山本熊一大使、中村司令官、佐官以上の陸軍将校、大使館員、在留日本人代表を招待し、スワンアンポーン庭園にて別れの宴が開かれた。

このようにして、タイ駐屯軍が主目標とした、日タイ同盟の本義を守り、日タイ親善を強固にする、およびタイの独立を尊重する、という大義はほぼ達せられた。しかし、日本はこの大戦中、アジアで唯一の同盟国となったタイの首相を、大東亜会議へ招くことに失敗する、という大失態をしていた。同盟関係に安心し、タイ駐屯軍という威圧と領土分与という懐柔策で、タイは応じてくれるものと気安く思い込んだ日本の見通しは甘かった。タイに気を遣い、外交に努力した駐タイ大使と駐屯軍司令官の二人をしても、タイの胸中を察することはなお難しかった。

9　東条首相のバンコク訪問

東条首相は、一九四三年七月三日にバンコクを訪問した。到着後に東条首相は、「シャン州二州とマレー四州をタイに贈るが、どうか」と中村司令官に尋ねたという。中村は、「それは大変な贈り物ですから、さだめし喜ばれることでしょう」と答えた。ところが、寺内南方軍司令官代理として派遣されていた清水規矩総参謀副長は、「南方総軍の占領地であるのに、事前に一言も総軍に連絡なかったことを寺内元帥は遺憾とする」と答えた。すると東条は、「そういう手続きなどする時間がなく、すでに御裁可のあったことだから」と言い放った。この発言のやりとりは、占領地の割譲が南方軍にも、タイ駐屯軍にも、もちろん当のタイ政府にも、事前の連絡も打ち合わせもない、きわめて場当たり的で、急いで用意された手土産のような性格のものであったことを示している。こうした詰めの甘い独りよがりな手法が、思わぬ禍根を残してしまった。

七月四日午前一〇時、東条首相は坪上大使、中村司令官、天田書記官（通訳）らを帯同して、ピブーン元帥と会見した。タイ側はウィチットワータカーン外相、総理府特別秘書官チャイ・プラティーパセーン大佐が同席した。東条首相は「タイ国の同盟に報いる恩義と将来の協同作戦の便なるため、シャン二州とマレー四州を贈与する」と提案した。ピブーン首相の顔は喜ぶでもなく冷静そのものであった。

その後、八月二日にバンコクにおいて、マラヤのクランタン、トレンガヌ、クダー、プルリスの四州およびシャン地方のケントゥン、ムアン・パーン（モン・パン）をタイに割譲する条約を締結した。一〇月上旬に細目協定を終え、一〇月一八日には新領土に進入を開始した。すでに日本の南方軍とタイの外征軍との間では、シャン州の占領をめぐり、意見の対立があったが、これで決着をみることになった。ところが、「思い切った華やかな日本政府の六州譲与に対するタイ国の儀礼的行事が一応済んだ後の反響は、あまりにも冷ややかであった」と、中村は当時の感想を記している。控えめな表現であるが、タイ側はきっと大喜びする、と日本側は思っていたのに、肩透かしを食らったのである。

実際、ピブーンはシャン州は欲しいが、マラヤは欲しくないと言い切っていた。まず、タイの財政負担が大きくなるのが理由であろう。シャン州についてはタイ外征軍が日本軍と共に攻略し、一九四二年五月二六日にケントゥンを占領していた。シャン族はタイ族と同族であり、シャン二州の獲得はピブーンの「大タイ主義」に適うものであった。一方、マラヤ四州はたしかに一九〇九年まではタイの属領であったが、マレー人のスルタン（イスラーム王）の王国であり、民族も言語も宗教も異なる地域であった。タイが割譲を受けても、この地域を統治するようになれば、それまでイギリス領であったため、英語でイギリス式の行政を継承することになるかも知れない。タイにとってマラヤ四州の獲得は、厄介者を抱え込む恐れがあり、有り難迷惑であった。開戦当初にタイが漏らしていたのは、かつてアユタヤ時代のタイ領であったタボイ（ダウェー）、メルギー、テナセリムなど、インド洋に出る下ビルマの港湾地区の奪還であったのだろう。

10　ピブーン首相の大東亜会議欠席

帰国した東条首相は七月二三日の重臣との懇談会で、タイについて、

大東亜結束上、最も心配なるは泰なり。泰の民心把握は重大なり。「シャン」地方は泰軍の作戦せる所にして現に駐屯地なり。之が泰国編入は当然のこととして、特に泰人の感激を曳かず。然るに馬来四州は泰の厖々しき失地なり。之が回復は渇望する所にして、而も流血の犠牲により獲得せる地なり。それ丈に之が泰国編入は泰民心の感銘を曳くこと甚大なり。

と述べ、タイに大層気を遣ったと、シャン二州とマラヤ四州の譲与を自画自賛して見せたが、ピブーンの意向を無視した妄挙であった。特にマラヤへのタイの歴史的いきさつには誤解があり、現地タイからの情報を収集していなかった、東条首相の勝手な思い込みと独りよがりな、施策の杜撰さがあった。さらに、八月一一日に訪ねてきたウィチットワータカーン外相に対して、「人の心にして正しければ、百死以って国を固む」という言葉を引用して、「戦いは人によって決す。物によって決するにあらず。而して人の心こそ最も重要なり」という精神論から、「日泰両国は非常なる決意を以って戦争遂行に邁進しつつあり」と説くが、現実

的な考え方をする多くのタイ人には、このような精神論はなかなか理解し難い、お門違いの説教であった。かつタイが日本とともに戦争しているという意識も、最初から持ち合わせていない。儀礼的な発言とはいえ、現地の感情とは懸隔の大きい発言は、空疎であり、何の意味も持たなかった。

東条首相の南方訪問は、秋の「大東亜会議」開催に向けての状況視察の意味合いがあったものと思われる。とりわけピブーン首相の日本訪問に向けての働きかけは、坪上大使および中村司令官によってすでに行なわれていたが、タイ側から色よい返答が得られず、中村はうまくいくとは思っていなかった。ところが東条はドーンムアン飛行場から出発する直前、中村と坪上に対して、「ピブーン元帥の訪日について君等は心配する必要はない。この秋には必ず実現するからな」と、自信のほどを見せて飛び立って行ったという。東条のこの一言で近く実現するのは間違いないものと信じていたから、自然とこのことは棚上げになってしまい、安心しきってしまった。

他方、日本の現況を視察してもらい、日タイの協同作戦を円滑に有利に進めたいという期待から、日本政府は国防大臣ピチット中将を団長として、陸海空三軍の要人を九月初旬に招聘した。岸並喜代二参謀がバンコクから随行したが、参謀の報告では、日本が最後に勝利を収め得るかどうか、日本の資源不足から見て、一行は疑わしく感じていたという。一行の視察は、日本にとってはかえってマイナスになり、ピブーン首相の大東亜会議出席に悪い影響を与えたのではないかと、中村は憶測していた。

一〇月に入って、一一月五日の大東亜会議に、ピブーン首相の参加が正式に要請されたが、坪上大使、中村司令官の再三再四の要請にも、首相は、国内事情が許さない、飛行機は酔う、ホテルの生活は嫌い、健康状態が良くない、等々の理由をあげては言を左右にし、固辞した。結局、代理を出席させるので日本政府の了解を得たい、ときっぱりと出席を拒否したので、坪上もやむなく本国に請訓した。代理には外務省顧問ワンワイタヤーコーン殿下が選ばれた。一九四三年一〇月の頃には、ピブーンは日本と行動を共にするのを避け、日本との距離を取ろうと、明白な態度表明をしていた。

11　泰緬連接道路の建設

毎年、端午の節句に、南方軍所属の各軍の軍司令官は「昭南市」と呼んだシンガポールで一堂に会することになっていた。タイ駐屯軍の中村司令官が参加できたのは一九四三年と四四年の二回であった。二回目の会合が終ったとき、前回なら第一線の軍司令官がシンガポールから任地へ、一斉に飛び立って行ったのに、二回目のときには、同時に飛び立たせるだけの軍用機に余力はなかったという。

この一九四三年五月五日の会合で、タイ駐屯軍に課せられたのは、道路建設であった。バンコクよりマラヤ国境までの自動車道の補修とタイ―ビルマ間の道路建設が指示された。軍命令ではなかったが、泰緬鉄道が爆撃を受ける恐れがあるためであった。泰緬鉄道に並行して、泰緬国境を越える三本の軍用道路建設開通の意図が示され、年内完成が要望された。泰緬鉄道に勝るとも劣らない緊要作業であったが、全面的にタイ側に依存せざるを得ないことになる。ピブーン首相に要望を伝達すると、首相からは快諾を得たが、道路局との事務的折衝では相当困難を伴っていた。

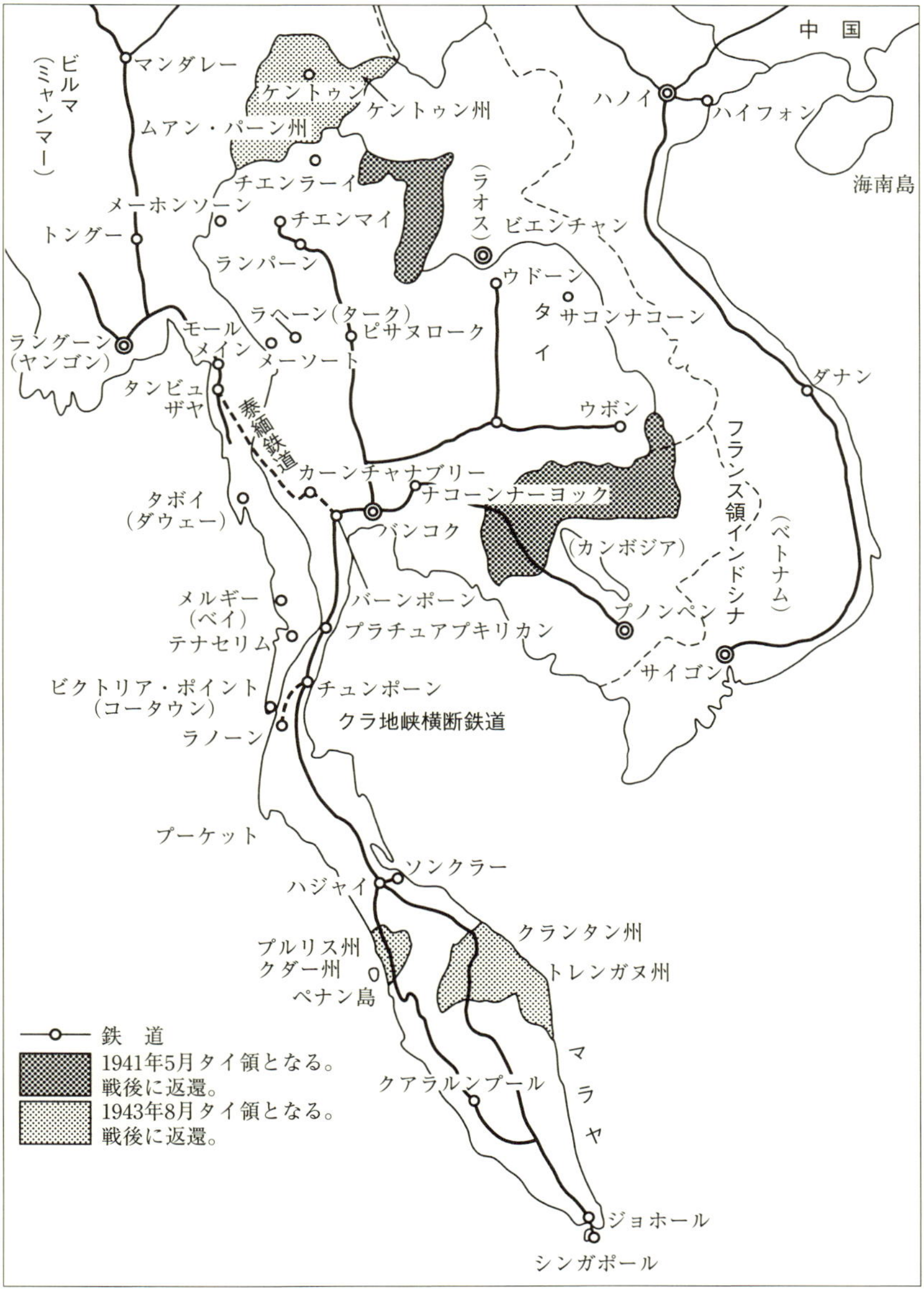

図3 「大東亜戦争」時代のインドシナ半島・マレー半島（筆者作成）

中村司令官らは現地を実地調査した。ケントゥン—タカオ間は自動車の通行が可能であった。ラヘーン（ターク）—メーソート間もすでに第三三、第五五両師団が通過した実績がある。この二本は第二次とした。未開の中央軍用道路とするチエンマイ—メーホンソーン—トングー（ビルマ側）間は延長二百数十キロあった。標高一〇〇〇〜一五〇〇メートルのジャングル地帯を、チエンマイ知事とメーホンソーン知事をタイ側の責任者として、タイ人労働者を募集して、六月以降チエンマイ—メーホンソーン間の道路構築に着手した。労働者は三週間交替制を取り、工兵部隊若干名を加えた。しかし、日本軍は全部の器材車輌を泰緬鉄道建設に集中したため、一輌のトラックさえ充当することができなかったという。第一五師団の連隊主力を軍司令官の配下に置き、一一月中旬から工事を開始し、予定通り年末までに不完全自動車道を開通させる見込みがついた。中村らは一二月一五日より視察し、帰途一二月二〇日にチエンマイの駅を出発してランパーンで投宿したが、その時、チエンマイ駅は敵機五機により空襲を受けていた。

12　空襲に遭う日本大使館

一九四三年一〇月二五日に泰緬鉄道が完成して後、一二月になると連合国軍のＢ24爆撃機がカーンチャナブリーを空襲するようになった。翌年二月にはバンコクのドイツ公使館がまず空襲に遭い、バンコクのマッカサン鉄道工場が爆撃され、近くにあった日本大使館が全焼した。日本大使館はウィタユ通りのイギリス公使館を接収して使用することになった。

そんな折から、中村司令官は一九四四年三月二七日、東北タイを視察している。その目的は、

一、東北タイの現況を視察する。

二、メコン川の戦略戦術上の価値を検討。

三、ウドーン—ナコーンパノム（メコン川の沿岸にある町）の鉄道敷設の場合を考慮して、地質および予定路線の視察。

四、鉄道西側地区で、敵の秘密飛行場になりそうな地点の観察。

三の鉄道建設はおおまかな計画がタイ側に提示されていた。もし、これが完成していたら、北は朝鮮、満洲、中国、インドシナ、タイ、ビルマ、マラヤ、シンガポールを繋ぐ、東アジア、東南アジアの一大鉄道網ができあがることになる。海上輸送がますます困難になり、鉄道輸送の方途を探っていた。そして、鉄道の爆撃に対しては、輸送道路の確保を急いでいた。

四の秘密飛行場とは、抗日組織「自由タイ」のタイ国内の活動家が建設しようとしていた飛行場である。鉄道は建設し、飛行場は潰すという作戦であるが、この創造と破壊は時間切れで適わなかった。

13　駐屯軍から野戦軍へ

一九四三年一二月一〇日には、まずタイ駐屯軍の守備能力の増強が図られた。南方軍のもとで編成された独立混成第二九旅団（兵員五〇〇〇名）がタイ駐屯軍に加わった。タイ側で軍の不穏な動きがあるとして、

翌年一月一日にはバンコク市内の街路上で結団式を行ない、中村司令官は閲兵、訓示を行なった。タイへの日本軍の示威と威嚇であった。

独立混成第二九旅団は、実践の経験に富み、満洲事変で活躍した田中信男少将を旅団長に、独立歩兵第一五八大隊、独立歩兵第一五九大隊、独立歩兵第一六〇大隊、独立歩兵第一六一大隊、独立歩兵第一六二大隊、独立混成第二九旅団砲兵隊、独立混成第二九旅団工兵隊、独立混成第二九旅団通信隊が含まれていた。「一弾一敵、一突一殺」を標語に、突撃隊を編成し得る精鋭部隊をタイ駐屯軍に投入して、タイ側の不穏な動きを牽制した。

二月上旬にはマラヤに第二九軍（司令官・石黒貞蔵、タイピン駐屯）が置かれ、プラチュアプキリカンより南がその管理下に入った。完成したばかりのクラ地峡横断鉄道の防衛が任務であり、インド洋側から侵入する連合国軍を想定した防衛の任務についた。一方、約一年、駐屯軍唯一の兵力として警備勤務に従事していた歩兵第八二連隊の第二大隊は、一月下旬にインドシナの原隊に復帰した。六月上旬には、タイの政情不安を考慮して、南方軍は南タイに配置していた駒沢、照井の両大隊を、タイ駐屯軍司令官の配下に復帰させ、第一六〇大隊をバンコクに、第一六一大隊をランパーンに集結させた。手薄になったタイのプラチュアプキリカン以南には白滝少将の第二九旅団が配備された。タイ駐屯軍は兵力を増強し、連合国軍の攻勢に対処するのみならず、地元タイの軍や政治にも対処し、タイの北と南の兵力を補強して、外のみならず内なる敵にも構えなければならなかった。

一九四四年七月にビルマからインドに侵攻するインパール作戦が失敗し、一〇月にアメリカ軍がレイテ島に上陸すると、南方軍の作戦と防衛は著しく変化した。インドシナ半島とマレー半島を中枢地域として確保し、日本本土方面に進攻しようとする西からの連合国軍を阻止し、すこしでも日本軍の作戦が有利になるよう、作戦を指導することになった。

守備軍程度の兵力しかなかったタイ駐屯軍を増強して、実戦部隊に転換しなければ、インドシナ半島の要に位置するタイを完全に防衛維持できないということと、南方軍の大兵站基地たるタイを安全確保することが重要であるという認識が、南方軍にも大本営にもあった。

開戦三年目の記念日である一九四四年一二月八日に、タイ駐屯軍は第三九軍と改編され、翌年の一月一四日には、スマトラから第四師団が第三九軍に加えられ、二月には作戦地内の海軍部隊も指揮下に加えられた。

第三九軍という名称をつけられたタイ駐屯軍は、新しく下ビルマ側のタボイ、メルギー、テナセリム地区の防衛を命ぜられ、独立混成第二四旅団の一大隊および第九四師団の一大隊が加わった。第三九軍の任務としては、テナセリム地区の要域確保と、タイの防衛と安定確保、およびプラチュアプキリカンからメルギーへぬける自動車道の開設を命ぜられた。在バンコクの独立歩兵第一六〇大隊をプラチュアプキリカンへ、チエンマイ―トングー間の道路建設工事中の独立歩兵第一五九大隊はバーンポーン付近に、独立歩兵第一六一大隊は泰緬鉄道を経由してテナセリム地区に派遣し、プラチュアプキリカン―テナセリム間の道路建設にあたらせた。

その後、南方軍は俘虜の一部を工事支援のために配属させたが、多くは鉄道工事に従事した後の病弱者で、しかも退院直後の者が充当させられた。当然ながら建設工事でも病死者が多く出たため、戦後になって、カーンチャナブリーで独立混成旅団と独立歩兵第一五八大隊を指揮していた渡中将、独立歩兵第一六一大隊の照井大佐は、それぞれ五年、七年の刑に処せられている。

この時期、連合国軍の攻勢で戦線が上ビルマから下ビルマに押しもどされ、下ビルマからタイに通じる道路の建設が急がれていたのだった。第三九軍の任務もこの地域に集中していた。迎え撃つ態勢というよりも、ビルマ戦線から撤退してくる日本軍の退路を作るのが任務になっていた。北のトングー—メーホンソーンの建設道路は、ビルマから撤退してくる敗残兵の通る道、〝白骨街道〟になりつつあった。

14　軍需品の現地生産と調達

タイの東南アジアにおける位置と南方軍にとっての作戦要度から、中村司令官は着任以来、タイを次のように位置づけていた。

一、ビルマおよびインド進攻作戦の兵站基地としてのバーンポーン、カーンチャナブリー

二、南方総軍の兵站基地としてのバンコクとバンコク東南地区［プラカノーン］

三、戦況不利になった場合の防衛陣地としてのバンコク、ナコーンナーヨック［戦後の日本兵一二万人の抑留所、現在は陸軍士官学校］

とりわけ兵站基地として重視されだしたのは、インパール作戦の失敗、ビルマ戦線からの敗退が始まってからであった。一九四五年以降は、陸海ともに輸送路が遮断されるのを予想して、南方軍は完全自活に依るべ

きであると布告していた。

　そこで日本軍はタイでの円滑で、適正な、軍需品の納入と保護生産を企画し、一九四五年二月には、まず民間会社を集めて軍需品納入組合を結成させている。組合員の共同出資金は五〇万円（＝バーツ）とし、組合長（馬場二郎、三菱商事支店長）統括のもとに、邦人商社より有力な職員を選抜して、組合専従員とした。しかし、軍需品納入組合を組織したものの、物資不足のうえ、物価は高騰、戦況は緊迫、一刻の猶予も許されない状況下で、軍需品の調達はとても無理な状況になっていた。

　それで陸海軍が一体となって、常設機関としてのタイ国軍需品生産調達事務局（局長・軍経理部長）を新設、春より活動を開始した。軍需品製作所は各部門にわたり、一三製作所を新設した。乱立していた邦人商社の企画統合を実施し、各商社の固定流動資金を合流させた。タイ国内における軍需品の生産、調達、納入の一元化を陸海軍が共同して決

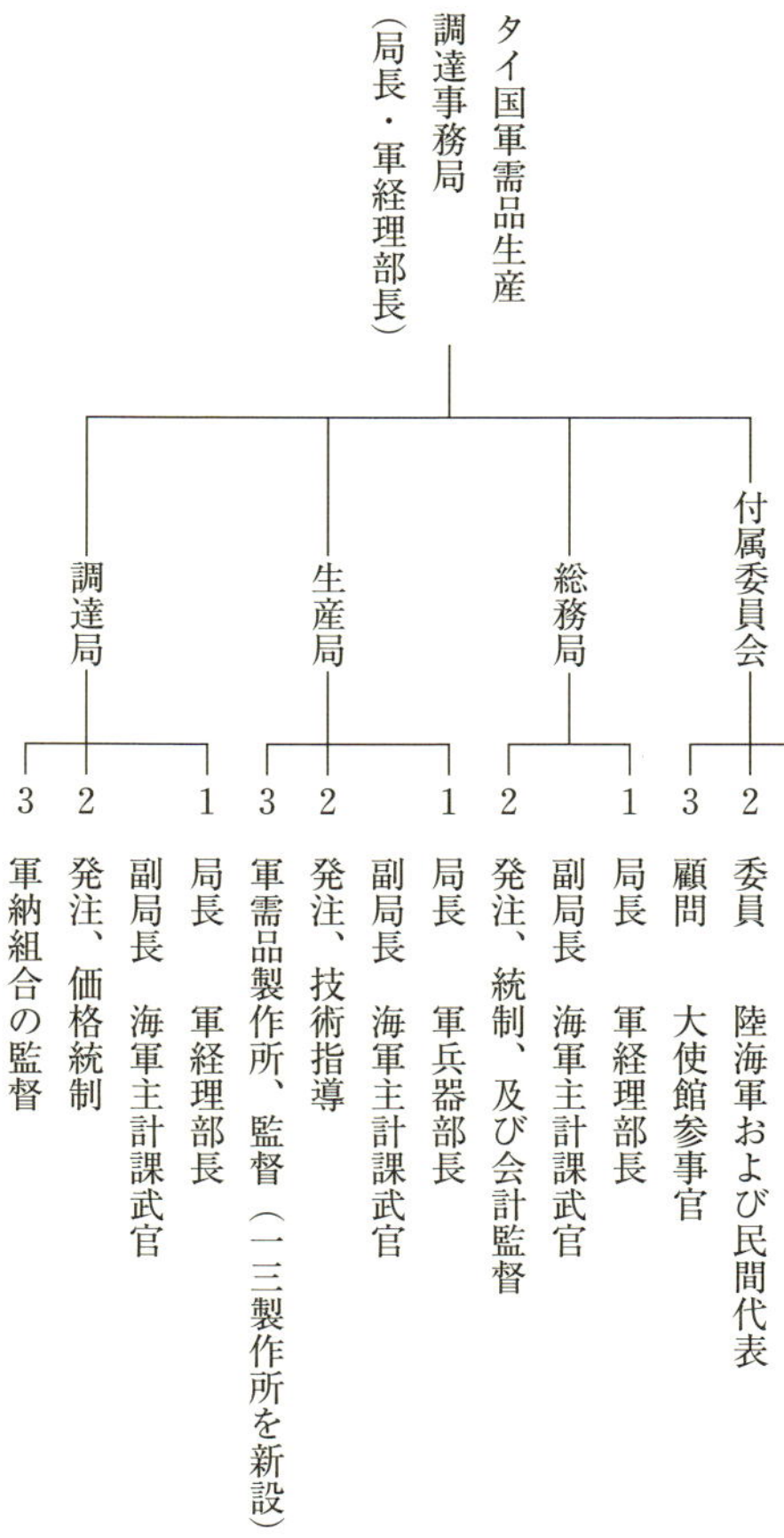

図４　タイ国軍需品生産調達事務局

定実施した。その結果が良好だったので、終戦時まで実施されたのみならず、終戦後の処理においても正確に事務を進捗することができた、と中村は評価していた。軍需品の製作については、弾薬をバンコクのチャイナタウンの店に発注しているのを、タイ側の公文書に見出すことができる。

日本軍の補給機関は、タイ駐屯軍が編成されたときにも、タイでは極めて脆弱であったので、シンガポールよりタイに進出していた諸補給廠を仲介して、ビルマへの軍需品の補給、追送品の中継、およびタイからマラヤへの食糧補給を行なっていた。しかし、これでは補給の円滑、迅速を期しがたいので、タイに進出していた第七方面軍の補給諸廠を駐屯軍の指揮下に加えるよう意見具申し、四月二二日に第三九軍の指揮下に入れていた。

こうしてタイでの必需品はなんとか自給の域に達したが、最も整備困難な紙類は、シンガポールの王子製紙の遊休資材を移設して充足させようと、七〇%移設したときに敗戦となった。被服はおおむね在庫で充足できたが、下着類は著しく不足し、追送を依頼していた。日タイ合弁の紡績工場建設を目指し、シンガポールに滞貨していたビルマ行きの冨士紡績の一万錘をタイ向けに転用する計画を立て、六〇〇〇錘を移設し、操業開始の直前で敗戦を迎えた。

一五七トン級の木造船の建造命令は、一九四五年度については陸海軍各一〇〇隻であったが、船型が逐次縮小されていった。これに要するチーク材は次年度の予備をあわせ、九万五〇〇〇立方メートルと算定し、タイ政府に供出を要求していた。建造はおおむね順調に行なわれ、一九四三年以来、軍において建造した「日泰丸」「大義丸」などの就航成績は南方軍随一と高く評価されていた。タイにおける木造船の建造は、日泰海運が受注していたが、建造割り当てが増大すると、在タイの日本軍が三菱商事と三井物産にも木造船建造に協力するよう命じた。三社が協調して「泰国木造船組合」を設立している。日泰海運がバンコク、三井船舶がバンコク郊外、三菱商事がアロースター（現マレーシア北部）で建造していた。

タイ米は、開戦以来、日本、中国、マラヤへの補給源であった。ビルマに対しても月三〇〇〇トン程度補給していた。タイ米の従来の輸出余力は年八〇〜一一〇万トン程度で、一九四三年度、四四年度には、少なくても月三万トンの引き取りをタイ政府から要望されていた。当時、バンコクの市場在庫は一〇万トン程度あって、輸出先を失っていたタイ政府は処分に苦慮していたからであった。一九四五年度に入り、輸出能力は最大三五万トンという、いよいよ困った状況になっていた。タイ国内の日本軍の需要が完全に満たされていた他、月間マラヤに一万トン、ビルマに三〇〇〇トン、北部仏印に二〇〇〇トン程度を輸送していたという。タイは実に恵まれた米穀事情にあり、東南アジアに駐屯する日本軍にとって、まさに穀倉であった。

15 軍需物資の集積と陣地構築

南方軍の一大兵站基地として、タイは軍需物資の購入、調達、製造に至るまでの、全般にわたる自給自足を可能にしようとする、ますます重要な地位を与えられていた。一方で、連合国軍の反撃が東南アジアとりわけタイに迫ってくると、タイは南方軍の第一線の陣地と位置づけられた。中村司令官は、一九四四年一二月に、配下の部隊に以下のような訓令指示を出していた。

一、タイ政府より広域にわたり使用の快諾を得たナコーンナーヨック陣地［バンコクの東北方約一〇〇キロ］の構築を急ぐ。

二、昭南［シンガポール］に交渉し、なるべく多量の燃料（ガソリン）をナコーンナーヨックに蓄積（地下に）する。

三、バンコク郊外プラカノーン地区［現在では市内南東部の高級住宅街］にある兵站大集積地や兵舎は広い地域に分散し、敵機の急襲に安全ならしむ。

四、敵の単機夜間飛行に注意し、爆音の消えた時は、その方向地点を速やかに報告し、落下傘による工作員の侵入、秘密工場の設備等一層留意する。

五、倉庫、集積所、司令部、兵舎、宿舎等の警備を一層厳重にし、自由タイ工作員に虚をつかれないようにする。

六、過去二年間は日の丸の旗と軍旗の輝かしい光を背景に、日タイ両国民の和を唯一の武器にしてきたが、背後の光は昔日の輝きを失い、日タイの和も英米の宣伝や自由タイ指導員の工作等で次第に薄らぎつつある。今後はタイ国内にある実力（戦力）がものを言う時代になった。しかし、タイ国民を敵として戦わないように、また、バンコクを焦土にするような政略、戦略はつつしむ。

七、各級幹部は陣頭に立って、現地現物にて深く思索を練り、現況に即した勤務をする。

中村司令官の回想録は戦後に執筆されたものであるので、「自由タイ」という語彙が用いられているが、当時の日本軍がそのように呼んでいたかは定かでない。とは言え、秘密の飛行場を見つける任務や抗日運動家の潜入に神経を使っていたことは、タイ側の文書からもうかがわれる。

レイテ沖での海戦で日本の連合艦隊が壊滅し、フィリピンにアメリカ軍が再上陸して来る頃、バンコクでは白昼堂々と連合国軍の空軍機が飛来して、市民のために慰問品や薬品を落下傘で投下し、東南アジアの日本軍がすでに包囲されているというタイ語の宣伝ビラを撒いていた。

そこで、第三九軍の兵力を強化するため、一九四五年一月一四日にスマトラから第四師団（師団長・木村松治郎中将）を増派したが、ようやくバンコクに到着したのは二月下旬であった。マレー鉄道が空襲に遭ってずたずたになり、移動がはかどらなかったのだった。ところがバンコクに移駐したものの、ここも空襲の危険にさらされて、第四師団はさらに奥のナコーンナーヨックの山麓に移動させられている。連合国軍の北部からの侵入を想定して、主力部隊は北のランパーンに移駐させられた。仏印のインドシナ軍の武装解除のために派遣されていた第三七師団（師団長・佐藤賢了中将）は、仏印処理を終えると、六月からカンボジアを経由してバンコクとナコーンナーヨックに集結した。

一方、四月下旬には、海軍第一三根拠地隊田中頼三海軍中将は、幕僚とともにビルマからバンコクに後退し、司政官、軍使用の看護婦、婦女子、商人、栄養失調の重患者を含む傷病兵多数が続々と泰緬鉄道によりタイに撤退してきた。司令部の勤務はビルマからの敗走部隊を迎えて、にわかに多忙となる一方、バーンポーン、カーンチャナブリー地区の軍集積倉庫の警備を厳重にしなければならなかった。プラカノーンの集積場および兵舎は平坦な場所にあるので、周囲に堅固なトーチカを築いて遮蔽に気を遣わねばならなかった。独立第一六二大隊が駐屯するルンピニー公園では、拠点式複郭にして、軍司令部、貨物廠等、主要施設には所要の防御設備を施し、バンコクおよび付近重要施設の防備を強化していた。

また、第四師団の工兵連隊の主力および歩兵隊の一部で作業隊を編成し、ナコーンナーヨックに計画構築中の軍複郭陣地を増築させていた。作業順序は、第一に対戦車濠、第二に交通通信、第三に地下油脂弾薬集積所、第四に棲息設備とし、必要食糧は輸送力緩和のため、水路を利用して、バンコクから東部のプラーチーンブリーに集積していた。

16　第三九軍から第一八方面軍へ、最後の作戦

一九四五年に入ると、タイ国鉄の主要橋梁はほとんど破壊され、局地輸送が可能な程度であった。とりわけ北部タイ鉄道は、機関車が大部分破壊され、輸送はほとんど不可能になっていた。連合国軍の爆撃が、日本軍と日本軍が利用する施設を的確に狙っていたのは、タイ国内の自由タイの地下活動家が、連合国軍に通報していたからであった。自由タイの活動が活発化して、日本軍はタイの背反を予想するようになった。タイ政府要人の行動は、日本軍が厳重に監視し、尾行もしていた。日本軍は各部隊長に、万一の場合、タイの軍・警察の機先を制して、武装解除が断行できるように準備し、情報収集にあたらせていた。一方、日本軍の尾行に気づいたクワン首相は、山本大使を呼んで、日本軍の不信義を難詰し、首相辞職をほのめかすほど激怒していた。

一九四五年五月初め、ビルマ方面軍が首都ラングーン（現ヤンゴン）を失い、タイが戦線の第一線となる

と、バンコクへの直接攻撃を警戒しなければならない事態となった。

日本軍がタイ国内の秘密飛行場を発見して、タイ側に通知して、同盟条約の誠実な履行を迫っても、タイ軍首脳はその存在を否認した。そこで日本軍は独力で掃討作戦を立案していた。
一、確認した主要飛行場（東北タイのサコンナコーンの西南五〇キロ）を奇襲占領する。
二、仏印の第二二師団をメコン川を渡って進攻させる、あるいはバンコクの部隊を送り急襲させる。
三、タイ軍・警察の武装解除のための周到な準備をする。
四、掃討作戦は南方軍全般の作戦に重大な影響を与えるので、南方軍の指示を待つ。
五、引き続き未確認飛行場を探索する。
戦況が急速に悪化してきた六月上旬には、次のような作戦準備を促していた。
一、バンコク市内および周辺地区の防衛設備を強化し、バンコクが孤立しても三か月はバンコクの要所を確保する。軍司令部を核心にして、半円形に連接し、別にドーンムアン飛行場には砲兵一中隊を増強する。
二、北タイ方面では第四師団を主力にランパーンを守備し、ランパーン―チエンマイ間など街道に防御陣地を準備する。
三、海上進攻に対し、アンダマン海側のタボイ、メルギーを確保する。
四、メルギーの海軍飛行場は必要性が減じたので破壊する。
五、空からの進攻に備え、使用価値の低い飛行場は連合軍に利用されないよう破壊する。

六、ただし、タイ軍に対する態度はあくまで同盟軍として面子を尊重する。特にタイ民衆との摩擦を防止するため、軍紀を引き締める。

第一八方面軍の参謀を務めた小西健雄大佐は、終戦に至るまで「泰国をして日泰軍事同盟の態度を維持し、背反せしめざりし主要因は、正に六月上旬以降に於ける軍の真剣なる作戦準備に負ふところ大なるべし」と、日本軍の武力作戦による威圧がタイの背反を防止したと評価する。

ところが、日本軍の陣地構築を知って、タイ側に不安と動揺が走った。そこで最も堅固な鉄道隊の陣地を、タイの軍や政府要人に公開見学させて、その真意を説明したともいう。タイに対しては、威嚇と懐柔の両面作戦であった。

七月一六日には、ビルマ方面から撤退してきた第二二師団、第一五師団等、敗残部隊を合わせて第一八方面軍を編成した。司令官は中村明人中将、参謀長が花谷《はなや》正中将、副参謀長は濱田平中将だった。中村司令官は、今や一二万の兵力を指揮下に置く方面軍司令官という地位に就いたことに栄誉を感じていた。方面軍司令官という地位は、軍最高の栄誉であったという。だが、わずか一か月の任であった。配下の主力部隊は、第一五軍の第四師団と第五六師団、第一五師団、第二二師団、従来からの独立混成第二九旅団であった。作戦任務は第三九軍と同じであったが、特にバンコクの防衛を重視、強化した。

第一八方面軍の作戦要綱は、次のようであった。

一、バンコク、ナコーンナーヨックを最後の拠点とする。

二、タイ国内に敵空挺部隊の占拠を許さない。

三、クラ地峡突破の公算は他の陸上進攻に比べて大である。
四、バンコクの防衛をますます強化する。
タイ側の公文書では、日本軍が南タイのインド洋岸、プーケットやトランで陣地構築を始めたという報告があり、インド洋岸からの連合国軍の攻撃を想定していた。クラ地峡横断鉄道のインド洋側のラノーン近くで、日本兵が鉄道線路の部分撤去作業を始めた、というタイ側の報告も、連合国軍が利用するのを忌避するためであった。

日本軍の慌しい行動に対し、動揺激しいタイ側の感情を和らげるため、七月一九日には、日タイ戦没者のための合同慰霊祭を、日タイ最高司令官主宰でワット・マハータートで営んだ。かろうじて維持できた日タイ同盟の大義を、日本軍として締めくくるかのような行事であった。

八月一七日、敗戦にあたり、中村司令官は、機密書類は南方軍の命令により焼却するが、軍法会議の裁判記録、金銭出納に関する原簿、証拠書類は完全に保存すること、武器弾薬をはじめ軍需品は員数を正確にし、軍司令官を通じて返上できるようにする、と命じた。しかし、現在に残る資料のなかには見当たらず、どこまで命令が守られたかは疑問である。

17 「義」部隊

タイ駐屯軍設置の目的が日タイ同盟護持という、およそ軍隊らしからぬ任務を帯びた駐屯軍であった。タイ駐屯軍は第三九軍、第一八方面軍の時代を通じて、通称「義」部隊と呼ばれていた。タイではもっぱら「義」部隊と知られていた。駐屯する日本軍の名称が次々と変更されていたことは知られていない。司令官官邸内には「大義」神社があり、毎月八日には在留日本人も戦勝祈願していたという。昭和天皇の終戦の日の玉音放送の中に、中村司令官は「義」という一語を聞き取り、「一剣捨つると雖も一語以って君恩に答へん」と記している。畢竟、タイ駐屯軍は天皇の軍隊であり、中村は誠実に天皇に対して忠義を尽くしていたのである。

しかし、タイ駐屯軍は懐柔から威嚇へという、次第に武力部隊としての性格を露わにしていった。懐柔と威嚇という両面の性格を兼ね備えたタイ駐屯軍は、徳富蘇峰のいう「道義的帝国主義」という精神を体現していた。

戦況が日本に不利になるにつれ、タイ側では、日本への不信感、不協和、離反、など不安と動揺が高まっていった。タイ駐屯軍は兵力を増強して示威と威嚇、警戒と監視を強化して、タイの背反を防ぎ、兵站基地としてのタイの防衛にあたろうとした。日タイ同盟の大義を根底から覆すことになる、タイ国軍の武装解除を断行する前に、日本軍が敗戦を迎えたことで、かろうじて同盟の大義を貫くことができた。

第三章　日本軍による米の調達

1　日本軍が戦時中にタイで占有していた事業

日本軍がタイに駐屯していた約三年八か月の間に、日本軍は様々な物資をタイから調達していた。なかでも、米、糠、藁、塩、牛、水牛、チーク材、セメントなどが主要品目としてあげられ、調達のための交渉が頻繁に行なわれていた。その結果、多くの文書がタイ国立公文書館に残されている。また、物資調達のために様々な事業所を占有して運営をしていた。例えば、次のような事業所が明らかになっている。

A　条約と協定により占有した事業

①　鉱山　三九か所

②　選鉱場　三か所

③　西行き鉄道は国境の駅その他が用意できるまで運営。

B　敵性資産として接収した事業

①　発電所　九か所

②　ゴム園（大規模）　三か所及び六五三、二一五ライ（一ライ＝一六〇〇平方メートル）
③　森林　交通に至便な所

C　一般的な占有事業
①　精米所　二五か所
②　塩田　一か所
③　製材所　三か所
④　製氷所　一か所
⑤　映画館　一〇か所
⑥　昭南［シンガポール］の南方運航株式会社が汽船八隻、帆船五〇トン以上　二九隻を購入
⑦　乾燥コプラ購入会社（占有すると砂糖やヤシ油の製造を禁止し、乾燥コプラの製造に専念させる）

この表から、鉱山三九か所、精米所二五か所など、日本軍がタイで調達したかった物資の種類など推測できる。

2　戦前のタイ米の輸出

一九四一年のタイの年間米生産量は籾米で四五〇万トン（新領土は含まない）、精米で三三七万五〇〇〇トンあった。国内消費は約二〇〇万トン、残り一三七万五〇〇〇トンが国外輸出にあてられていた。ちなみに

一九三八年の国勢調査では、タイの全人口は一四四九万四一〇六人であった。米の年間消費量は一九四万八〇〇〇トンであったから、大きな変化はなく、ほぼ例年並みであった。

一九四一年のタイ米の輸出先と輸出額は、次の通りであった。

オーストラリア	二、〇六三　ハープ
マラヤ地域	一、〇九一、九八一
ビルマ	三四
中国	二、七四八、四二七
香港	四、三六二、九七一
インドシナ	二、六七〇
日本	七、三八六、二九三
満洲国	九〇、五九九
蘭領東インド	一九、七〇八
ニュージーランド	一、四六四
北ボルネオ	九九、一五五
ペナン	一六六、一六八
ポルトガル領南東アフリカ	三六、八六七
昭南［シンガポール］	三、二八三、三一三

南アフリカ連邦　　五九、七二〇
グレート・ブリテン　　四二、三八七
備蓄米　　四、一四六
一九、三九七、九六六　ハープ
＝一、一六三、八七七・九トン（一ハープ＝六〇キロ）

この表から、一九四一年のタイ米の輸出先は、日本が三八％（約四二万三二〇〇トン）も占めていたことがわかる。すでに日本にとって食糧基地であったタイに、日本軍が駐屯していれば、米の調達はより容易であったろうと考えられるが、戦時下にあって、日本軍駐屯の故に、タイからの米の輸出はかえって困難を極めていた。

3　バッタンバン米の輸出

フランス領インドシナでは、戦前の年間籾の生産量は六五〇万トン、精米で四八七万五〇〇〇トンあり、国内消費量は三〇〇万トンとして、国外輸出は一八七万五〇〇〇トンあった。ところが、一九四一年にインドシナの一部がタイ領になってから、米の生産量は籾で年間三〇〇万トンに減少したと言われる。タイが新領土として一九四一年に獲得したのは、カンボジアの西部と北部の地域、ラオスの一部であった。米の生産地としては、カンボジア西部があげられる。

一九四二年六月一日、日本軍の原少佐から、当時はタイ領であったカンボジアの西部バッタンバン地区で年三〇万トンの収穫が見込まれるので、その内の半分である一五万トンの籾米をバッタンバンで買い上げ、トンレサップ湖とメコン川を利用し、船でサイゴンに輸送したいとタイ側に要請してきた。次がそのときに日本側からタイ側に送った公文書である。文中の「日泰政務聯絡所」は、通常は「日泰政府連絡所」と呼んでいた。

盤貨発號外
　バッタンバン籾買付ニ関スル件通牒
昭和十七年七月二十日　　原部隊長　　原　少佐 ㊞
日泰政務聯絡所長　殿
首題ノ件　日本側代表者及現地ニ於ケル之ガ買付代理人左記ノ通リ通牒ス
　左　記
　一、日本軍代表者
　　原部隊長　陸軍主計少佐　原　久松
二、右現地買付代理人
　三井物産株式会社西貢支店長代理　鈴木忠助

そして、日本軍は三井物産と大南公司を購入輸出業務の代理人に指名してきた。この要請に対し、タイ側は、タイ政府がここ八か月以内に日本に対して一一八万トンを輸出する取り決めになっていて、そのうちバッタンバン米が二〇万トン含まれていると回答した。タイ米の日本向け輸出一一八万トンは、前年の全輸出量に相当する。タイ米の得意先であったマラヤ、シンガポール、香港などがイギリスの植民地から日本の占領地となり、従来の輸出用タイ米のほとんど全てを日本が購入することになったのだろう。

タイ側は、日本側が農民から直接籾米を買い上げることになると、タイ米穀会社やタイ鉄道局よりも安く買いたたく恐れ、税金の減収の危惧、バッタンバンからバンコクまでの輸送料の収入がなくなる、等の理由で籾米買い上げを認めるべきでないと判断した。しかし、日本側は原部隊と三井物産サイゴン支店の支店長代理鈴木忠助を籾米買い付けに指名して、買い付けを始めようとしていた。タイ側はタイ米穀会社が急遽籾米を買い占めて、バンコクに送り、精米所に送ることにした。バッタンバンからバンコクまで汽車で輸送し、バンコクから各地に輸出するのは、タイ鉄道局の収入になるだけではない。バンコクに集中する精米所に仕事を与え、副産物として出る糠は家畜の餌としてまた売り捌くことができるからである。しかし、タイ側はバッタンバンから籾米を輸送する列車が不足していた。日本はタイの買収を待ちきれずに買収を始めていた。結局、同年七月二三日にバッタンバンから一五万トンを五二五万バーツで購入、汽車、船でサイゴンへ、さらに日本へ一九四二年一二月三一日までに輸出することが認められた。

表　タイからマラヤへの米輸出

	タイの全輸出量	マラヤへの輸出の割合（%）	マラヤ・シンガポールへの米の輸出量 輸出量（t）	指数
1941	100	22	261,994	100
1942	64	?	61,144	23
1943	46	35	193,144	74
1944	27	56	176,025	67
1945	17	71	140,389	54

4　南タイからマラヤへ米輸出

一九四二年五月二二日、三菱商事が精米二万二〇〇〇トンをマラヤに輸出したいが、軍需米として、米輸出税の免除を要請した。しかし、タイ側は免除を認めなかった。ところが、同年七月七日に日タイ政府連絡事務局に届いた内閣官房長官の書簡によれば、三井物産と三菱商事が日本兵の指揮の下で、南タイで米の買い占めを行なっているという。すでに五月二〇日から六月二二日の一か月間に三菱商事がナコーンシータンマラート県のパークパナンから七六七四トンの輸出を許可されていたが、マラヤでの米不足のため、クランタン、トレンガヌのマレー商人が九隻の船でパークパナンに米の買い付けに来航していた。

タイから各国へ向けての米の全輸出量は、一九四一年を一〇〇とした場合、どんどん減少していった。タイからマラヤへの輸出は、絶対量では減少していたが、マラヤ向けのシェアは増えていた。マラヤからタイを見ると、タイが独立国であったから当然ながらマラヤで流通している日本軍の軍票を受け取らず、米を売り渋っていると見ていた。そこに密輸が入り込んでいた。そして、その背後に日本軍が働いている、とタイ側の官憲はにらんでいた。

南タイのナコーンシータンマラート、ソンクラー、パッタルンの県知事たちは、日本軍が安く買いたたくこと、精米所を借り上げて自分たちで運営する恐れ、すなわち、日本軍が南タイの米の流通を壟断する懸念を持った。三県の県知事は県内の精米所をタイ米穀会社の経営にゆだねることを内務省に提案した。内務省は商務省に働きかけ、商務省は傘下のタイ米穀会社に命じて、三県の精米業者を集めて履行方針を説明するが、パークパナンの精米業者は反対し、仲買業者の反対にもあっていた。マラヤとの国境貿易では日本軍が越境してタイ領内に入り、米、糠、タバコを購入して脱税して持ち帰っているという一〇月二九日の報告があり、判明しただけでも一〇月四日から二三日の二〇日間に精米合計一三五〇袋（クラソープ）＝一三五トンが密輸出されていた。

当時、日本軍の物資調達には、タイ駐屯軍の下に、陸軍は昭和通商、海軍は万和公司がそれぞれ物資集めに専念していた。三井、三菱の大商社はもとよりタイ在留の日系企業総動員で協力を求められていた。なかには、女優浅丘ルリ子の父浅井源治郎が支配人を務める中原公司（日本人が経営する中国語新聞『中原報』が設立した子会社）もあった。

『中原報』の支配人藤島健一によれば、一九四三年末以降、マラヤへの米の輸送が鉄道では不可能になったので、藤島が泰中華総商会の大物、陳守明、張蘭臣らに働きかけ、会社「万豊公司」を設立させて、バンコクからジャンク船による米の輸送に切り替えた。米の輸送は、約四〇〇トンのジャンク船が延べ四〇〇隻運航して、戦後、鉄道輸送が回復するまで続いていた。そのうち、連合国軍の爆撃に遭ったジャンク船は、わずか二隻であったという。そして、代金の支払いは、タイのバーツやマラヤの軍票ではあてにならないので、シンガポール攻略時に押収した宝石や貴金属を軍から持ってこさせて、支払っていた。

こうした事情は中村の手記にもタイ側の公文書にも記録されていない。裏のルートとして存在していたのである。

5　米は余剰、輸送列車は不足

一九四三年七月一〇日に開催されたタイ日合同会議では、日本大使館はタイ政府に日本向けに月六万五〇〇〇トン、昭南（シンガポール）の日本軍に月五〇〇〇トンの合計七万トン、籾で一〇万トンの輸出をタイ側に要請した。タイ政府は中央部での不作で月二万トンが可能と応じていたが、同年四～五月に日本から機関車五輛、有蓋貨車一二輛、無蓋貨車一〇〇輛の寄贈を受けていたので、結局、タイ側は月七万トン、籾で一〇万トンを日本側に売却するのを了承した。このことは籾米にして年間一二〇万トンを日本に輸出することになり、前年に取り決めた一一八万トンとほぼ同じ数量となっている。ただし、籾米は精米すると七〇％前後に減る。

日本側への七万トンの輸出は、国内輸送に支障があって思うように運べなくなっていた。タイ米穀会社が購入したバッタンバン米も日本軍によりプノンペンへ送っていた。東北タイの米はバンコクへ運び、バンコクの精米所で精米してから輸出することになっていた。タイと日本の貨車一〇五輛で一日三列車を編成する予定であったが、日本軍が九月一日より兵員輸送に一列車を使用していて、一日六～一〇輛で輸送していた。車輛不足と日本の提供した貨車が脱線し易く、またコーラート高原の坂道を上れない、などの理由で東北タイからの輸送は困難を極めていた。また、東北タイやロッブリーは干ばつ状態で作柄が悪く、米が不足状態であった。外国貿易局長の報告によれば、すでに日本に売却した米は次の通りであった。

五月　　七万三〇〇〇トン
六月　　四万六〇〇〇トン
七月　　四万一〇〇〇トン
八月二〇日までの分　二万一〇〇〇トン

日本に売却する米の量はどんどん減っていったが、日本側も日本に輸出する輸送船舶がどんどん減少していた。購入予定のタイ米の不足分についてはタイにクレームをつけていない。日本側は九月に九万トンを購入したいと要請しているが、タイ米穀会社のストックは、現在二〜三万トンしかなく、九月に九万トンの輸出は無理である、と答えた。九万トンを受け取っても、日本側も船舶不足で運びきれないだろう、とタイ側は予測していた。日本側は取り決め通り欲しいが、タイでは次第に米の集積能力が落ち、日本側に売却する米の数量が減少していた。日本側も輸送船舶が不足して、輸出能力が減退していた。

一方、北タイは米の販売先がなく、だぶついて滞貨していた。日本軍は軍用列車で運び出していた。四日に一列車二二輌で運んでいたが、将来の米不足を恐れたチエンマイ知事が差し止めて九輌になった。日本側は九月一日より二か月間バンコク—チエンマイ間の軍需物資と兵員輸送のため、東北タイの一列車を転用していた。

一九四三年も日本軍はバッタンバンの米を汽車でプノンペンに運ぼうとしたが、タイ側はバッタンバン米をバンコクに送りバンコクで精米して、その後に日本に売却することを主張していた。なぜなら、今までバンコクでは年間一五〇万トンの精米、一五万トンの糠を生産していたが、現在二四万トンしかなく、糠の生産量も二万五〇〇〇トンしかない、国民と家畜を助けるためであり、籾殻は燃料に使用するからである、という理由であった。日本側は、いずれにせよ月当り七万トンの精米を入手できればそれに越したことはない、とバンコクでの精米に応じた。日本側はバッタンバン米を月二万トン、東北米を月三万一五〇〇トンをタイに要請していたが、輸送する列車が不足して、東北からは月一万二〇〇〇トンしか運べなかった。

6　南タイでは米を備蓄

緊急事態の米不足を防止するため、南タイでは九月に第六軍管区の司令官が将兵のために米の備蓄を命じていた。緊急事態は六か月間と想定していた。ナコーンシータンマラート、パッタルン、ソンクラーの県知事は軍の方針を理解し、住民のために米の備蓄を進めていた。

ところが、蒸して乾燥させた加工米の国外輸出は許可していたため、米穀輸出業者は南タイの米を精米業者から購入して乾燥米にして輸出しだした。他の業種の商人も参入して、米を乾燥米にして売却し出した。するとの米の値上がりが生じ、住民は困窮し始めていた。早晩、南タイの米が無くなる恐れがあり、飢饉の恐れがあると、南タイの県知事たちは商務省に米、および米製品の輸出禁止を命じるように一二月三日の電報で要請した。商務省が中央部の乾燥米の輸出を認めたのは、米がだぶつき始めていたからであったが、一二月七日に商務大臣は、米が不足する県では自県で生産した米は国外への輸出を禁止することができることにした。しかし、中央部タイから南タイを経由する、蒸して乾燥させた加工米は、国外への輸出を許可していたのだった。

商務省外国貿易局は、一一月六日に次のような方針を立てていた。

一、外国に米を輸出しなければならない。米製品の輸出も認可する。

二、国外輸出には規則を決めてある。

三、輸出許可を受けた業者は、どこの米と規定しないが、中央部の米を輸出しなければならない。南タイには備蓄を命じている。しかし、サイブリー〔現マレーシアのクダー、プルリス〕、クランタン、トレンガヌの飢饉を救援するため、ソンクラーから米を輸出する場合、ソンクラー県と協議して合意を得なければならない。備蓄中の県から米を輸出しようとしても不可能である。

四、南タイで米加工品を備蓄中の県は、トラン、ナコーンシータンマラート、スラートターニー、ソンクラー、パッタニー、ナラーティワートの六県がある。

五、精米を輸出禁止にしている県では、乾燥米にして輸出しようとする業者がいる。米輸出業者で迷惑している県は、臨機応変に輸出を禁止し、備蓄するよう検討すべきである。

商務省の外国貿易局は輸出を促進しなければならない立場にあるが、南タイでは米不足で備蓄を始めており、南タイでの米の輸出は禁止しようとしていた。ところが、中央部タイでは米余りが生じ、中央部タイは輸出を促進しなければならなかった。上述のような輸出するのかしないのか、あいまいな歯切れの悪い表現は、国内の流通がスムースに行なわれていないことを示していた。加えて、一〇月一〇日からタイの新しい領土になったマラヤ北部の四州クダー、プルリス、クランタン、トレンガヌには、飢饉を防ぐための救援米を送る必要が生じていた。南タイの米不足に配慮しながら輸出促進をしなければならない、国内の米の備蓄と輸出をめぐる矛盾がこの方針に表現されている。

7　米に関する委員会設置

一九四四年に入ると、中央部タイの余剰米の問題は深刻になり、籾米に関する委員会が設置された。商務大臣、内務大臣、工業大臣、農務大臣、大蔵大臣、外務大臣、同盟国連絡局局長で構成され、輸出の道を探り、それでもまだ余りがあれば消費する方法を探す、アルコールを製造する、などを検討することになった。

一月三〇日には商務省が農民救援のための米輸出促進政策を発表した。内容は、戦争の激化に伴い、米輸出は様々な障害を乗り越えなければならない、米の海外市場の販売は船舶が不足して困難である、農民は余剰米をかかえて苦しんでいる。そこで商務省が主管となり、解決策を探すことになった。

一、近隣諸国、特にマラヤへの輸出促進
二、帆船による中国への輸出
三、帆船の建造を促進
四、米加工商品を開発

五、価格維持が最重要

通常であれば、タイ米穀会社が農民から米の買い付けをするのであるが、バンコクに米貯蔵庫がない、建設するには資材がない、建設してもバンコク・トンブリー地区は空襲に遭う恐れがある。そこで、県知事を委員長とする委員会を設置して、農民から籾を担保として預かり、価格の二五～五〇％の代金を貸し出す方法を考える、あるいは協同組合のある地区では農協が支援する。これらの方法は煩雑であるが、現在の状況では他の方法がないのでこれに頼らざるを得ないが、他に方法があれば提案してほしい、と案を求めるほど事態は深刻になっていた。

8　北部フランス領インドシナ向け米の輸出

一九四五年二月三日、日本軍は北部フランス領インドシナ向け輸出用として東北タイのコーラート地方において、二月から以下の通り米を購入したいとタイ側に通知していた。

極秘
泰陸武第六七號
　米購買ニ関シ斡旋相成度ノ件照會
昭和二十年二月三日　「タイ」在勤帝國大使館附武官　濱田　平㊞

同盟國連絡事務局長　殿
作戰上ノ必要ニ依リ北部佛印向輸出用トシテ「コーラード」地方ニ於イテ左記の通　米二〇、〇〇〇瓩ヲ購買致度ニ付斡旋相成度照會ス

左　記

一、月別購買計畫数量

二月	二、〇〇〇瓩
三月	四、〇〇〇瓩
四月	四、〇〇〇瓩
五月	四、〇〇〇瓩
六月	三、〇〇〇瓩
七月	三、〇〇〇瓩
計	二〇、〇〇〇瓩

二、購買地点
「ナコンパノム」「ムクダーハン」

購買地はナコーンパノム、ムクダーハーンと、メコン川の沿岸の町を指定していた。対岸のラオスの町はタケークとサバンナケートである。チュオンソン山脈を横断してベトナム側に搬出しようとする意図である。

日本側文書の「泰陸武」とは、タイ駐在日本大使館付駐在武官を意味する。また、「同盟国連絡事務局」とは「日泰政府連絡所」が編成替えになって、名付けられたタイの官庁である。詳しくは第四章を参照。

義部隊兵站部の伊藤は、ウドーン、ウボンを含む地域で計二万トンを購入したいと言い、大使館経済参事官の新納も商務省に支援を要請していた。精米あるいは玄米、籾米でもよいという条件であった。とにかく欲しいのである。

一九四五年一月から四月頃、北部ベトナムでは飢饉が発生していたのである。飢饉の被害（死者）は二〇〇万人に達した、と言われている。日本軍がメコン川沿いのタイ側の町で、東北タイの米購入を通知してきたのは、この北部ベトナムの飢饉に対処しようとしたのである。一番近い東北タイの米をメコン川を渡って輸送しようとしていた。

二月一四日には、ラオスのタケークに軍需米を集積したい、六月末までに一〇〇〇トンを、という要請があった。三月一日のタイ側の調査報告では、東北タイでは米の収量悪く、住民の食糧としても不足し、日本に売却すれば県の食糧が不足してしまうという理由で、タイ鉄道局が四月二一日に輸送を拒否してきた。また、北部ベトナムの飢饉を救援する米の輸送のため、バンコクからウドーン、ウボンへ一日一五輌の米輸送列車の運行を要請したが、タイ側は、米輸出のライバル国であるベトナムで飢饉が起こるはずがない、日本軍の作り話である、と推察して、この要請はタイ鉄道局を通じて拒否された。

9　北タイで米の統制令、南タイの米不足

北タイでは、五月一日発布の米の売買に関する統制令のために、米穀の購入が困難になった。あわてた日本軍は、文書のように北タイのチエンマイ、ランプーン、ランパーン、中北部のターク（ラーヘン）、ピサヌロークにて、米の購買を要請してきた。いずれも、日本軍の駐屯地であったとみられる。六月末までに半分、十月末までに残りの半分を購入したい、粳米でも糯米でもよい、一部は籾でもよい、という条件であった。五月一七日のタイ側の報告では、日本軍はすでにその前に大量に購入済の様子であるという。日本軍は、独自に備蓄を始めていたのであろうか。

軍事極秘
泰陸武第三三六號
北泰地区ニ於ケル米購入ニ関シ斡旋相成度ノ件通牒
昭和二十年五月十五日　　泰國在勤帝國大使館附武官　　濱田　平㊞
同盟國連絡事務局長　殿
作戰上ノ必要ニ依リ北泰地区ニ於テ左記ノ通　米ヲ購入致度所「チエンマイ」駐在日本軍ヨリノ通報ニ依レバ五月一日公布ノ統制令ニ依リ本十五日ヨリ米穀購入困難トナルベキ趣ニ付之ガ購入許可ニ関シ至急現地官憲ニ對シ指令方取計ラハレ度

左記

地区	数量	時期
「チエンマイ」	三、〇〇〇瓲	六月末迄ニ夫々半量購入シ
「ランプーン」及「ランパン」	一、〇〇〇瓲	残量ヲ十月末迄ニ購入
「ラーヘン」及「ピサンローク」	二、〇〇〇瓲	完了ス

備考　粳米、糯米何レニシテモ可トシ、一部籾トナルモ差支ナシ

五月一七日に、日本大使館が軍用米として月二万トンの購入を要請してきた。また、日本軍も六月一三日に、精米月量二万トン（六月分は一万トン）、籾米月量二〇〇〇トンの購入を要請してきた。もしこの量に不足する場合、日本軍において直接購入することがあること、バンコク以外の地域で購入する分は、これに含まないという。タイ側は、六月分の一万トンは必ず届ける、タイは日本側の要請に黙過しているのでもなければ、看過しているのでもない、双方が困らぬように日本の要請に沿ってあらゆる方策を探しているのである、と回答していた。

大使館の月二万トンと日本軍の月二万トンは、同じ分量を双方が別個に要請していたものと推測されるが、戦争末期にタイ側が日本軍に売却できる米は、せいぜい月に一万トンになってしまっていた。日本側にはビルマからの敗走部隊を受け入れ、民間人の避難民も増え続けていた。日本側の要請が満たされない場合、日本軍は同盟国連絡事務局を通さずに購入するという通告は、事態が切迫しているのと、売り惜しみをするタ

イ側への不信感を表わしていた。すでに北タイ、東北タイでは日本軍は独自に購入を始めていた。

二月一五日の商務局長宛ての報告によれば、連合国軍の空襲でチュンポーンの橋が破壊されて、中部タイと南タイを結ぶ交通が遮断された、南部の米が不足し高騰している、日本軍基地の兵糧庫も破壊された、日本軍は南部の米を調達するだろう、という内容であった。またナコーンシータンマラート県の提案で、許可なしに米を県外に輸出しないように統制する案を、商務省が検討中であるという。日本軍への米売却や日本軍による直接の米購買を阻止する動きが、北タイと南タイで起こっていた。

六月六日の軍関係の会議では、米が減少した理由として、次のような事態をあげている。

一、農業以外の労賃の上昇、農民が他の賃金労働に従事している。
二、米の輸出が多い。
三、農作業用道具の値上がり。
四、牛、水牛が食糧として屠殺されすぎた。
五、交通に支障。
六、商人、有力者が米を隠匿して値上げ。
七、米の消費者増える。
八、内務省、農務省、商務省の担当官が十分に対処していない。

これらの事情が農民を稲作から離反させ、需要に供給が追いつかず、米が値上がりしている、という。

米の輸出とは、日本軍による米の買い上げを意味しているし、牛の減少は日本軍が大量に買い上げて運搬使役の果てに食用にしていた。連合国軍の空襲で主要鉄道橋が破壊されて、輸送困難な状況にあった。この頃は、物価指数が戦前に比べ一〇倍に跳ね上がっていたという。猛烈なインフレに見舞われて、農民は稲作だけでは食べていけないので、出稼ぎに行ったのであろう。

そこで軍部は、次のような提案をしている。

一、米を輸出できないように管理統制しよう。

二、軍の許可を得ずして軍の駐屯する県より外に輸出させない。

三、米の豊かな県の米を軍の駐屯地に送るため、管理統制しよう。

四、米の数量を明らかにしてほしい。

五、適正価格を維持しよう。

六、兵士が市場価格で購入できるよう、ボーナスを支給。

七、稲作を営む国民を慰撫奮起させる。

八、国防省、商務省、内務省、同盟国連絡事務局が、形式ではなく本当に公共のために協力してほしい。

米不足で困っているのは、日本軍だけではなかった。タイ国軍も困っていて、米の管理、価格統制を要請していた。また、六月二八日の商務省の会議では、米の高騰をめぐって、その原因として、次のような状況について議論がされた。

一、農民を農作に復帰させるために、農民の地位向上を図り、政府は米価を高値安定させる。

二、仲買人は政府価格よりも高値で農民から購入することになる。

三、商務省の官営企業タイ米穀会社も低価格では売買不可能。
四、日本側はすでに高値で米を購入している。
五、金持ちは貨幣価格の下落を恐れ、他のものよりも米を隠匿する。
米不足、米の高騰、米の奪い合い、米の隠匿という状況に、政府としても打つ手を失っていたのだ。

10　東北タイで日本軍への米の売り渡し阻止

一九四五年七月六日に、日本軍は米輸送列車一五輛編成を週二回（水、日）、東北タイのウボン―ブワヤイ間に運行するよう要請してきた。米はタイ米穀会社を通じて買収して、集積されてあるので、七月一一日より開始したい、と伝えてきた。タイ米穀会社が日本軍用に購入した米七〇〇〇トンを一挙にウボンからメコン川を横断し、ラオスのパークセー経由でインドシナへ輸出したい、という内容であった。タイ側は日本側に違反の道を開くもの、と反発を強めていた。

すでに三月一日の日本軍の東北タイでの米購入には、米の収穫が少なかったからという理由で、東北一一県の県知事が反対していた。日本軍に売れば米不足を招くという危惧を持っていたのである。同盟国連絡事務局は逆にこうした動きを牽制しようと、商務省に再考を依頼していた。

八月一日になると、東北タイのスリン県で知事が米の県外搬出を禁止した。タイ米穀会社が日本軍に代わって集積した米も同様であった。日本軍の調査では、米は十分あるのに県委員会が売らないという。日本軍は、東北タイ沿線で一万トンの米をウボンに集積していた。その内七〇〇〇トンを三菱商事の手でフランス領インドシナに、七月〜一二月中に輸送したい、と要請していた。日本軍は、タイ米穀会社によって、すでに購入済みのスリン県産の米一三三〇トンの輸出解禁を要請していた。日本軍は代金は支払ったのだから、せめてその分は確保したいのである。

軍事極秘
泰陸武第四七一號
「スリン」県産米搬出禁止一部解除方ノ件通牒
昭和二十年八月六日　「タイ」國在勤帝國大使館附武官　濱田　平㊞
同盟國連絡事務局長　殿
日本軍「スリン」出張員ヨリノ報告ニ依レバ「スリン」県知事ハ同県ニ於ケル精米操業禁止竝ニ搬出禁止ヲ發令セラレタル趣ナルモ、本件ハ同県ガ「コーラード」地方最大ノ米穀餘剰地域ナル点ニ鑑ミ七月三十日附泰陸軍第四〇六號ニ依リ便宜供與方依頼シタル精米ノ移送及購買大ナル障害ヲ與フルニ付同県ニ於テ日本軍ガ泰「ライス」會社ヲ通ジ購買及搬送スル米ニ関シテハ右禁止令ニ拘ラズ之ヲ許可スル如ク取計ラハレ度追ッテ曩ニ通報セシ「ウボン」ニ於ケル米ノ集積ハ緊急ヲ要スルニ付取敢ズ目下泰「ライス」會社ヲ通ジ「スリン」県ニ於テ収買済ナル一、三三〇屯ノ米ヲ至急「ウボン」ニ搬出許可スル如ク「スリン」県知事ニ指令相成度申添ウ商務省は、スリン産の米一一八八トンの代金を、日本側からすでに受取済であった。日本側にも、米の数量について通知済であった。日本軍は列車輸送の準備を進めている、県が送り出しを阻止すれば、日本軍はタイ側が受け渡し拒否したと受け止め、政治問題に発展させる恐れがある、商務省は今回は特別なケースとして県に輸送を認めるよう、電報で命令し、かつ内務省からも県に働きかけるよう通知した。

スリン県の米については、タイ米穀会社の代表が、米は余っていると報告していて、日本側の言い分と一致する。しかし、県の有力者たちが米は不足していると主張しているため、商務省はその県委員会の意見を聞き入れて、同県でのその後の米買い付けを中止した。余剰米が存在しても、地元は日本軍には売却したくなかったのである。日本側は二五〇〇トンの購入を予定していたが、県委員会が米不足と主張すれば、如何ともし難かった。

日本軍は八月一二日に、スリン県の米一三三〇トン（隣県のブリーラム産を含む）輸送のため、スリン駅に列車を回送するので、早急にスリン県知事に通知するように同盟国連絡事務局に要請していた。だが、そうこうするうちに八月一五日の日本の敗戦を迎えた。

八月二一日に、商務省が同盟国連絡事務局に連絡してきたところでは、

一、日本軍が米二万トンを購入するというが、タイ米穀会社によれば、三菱商事に資金なし。

二、東北タイの米購入について実行中であるが、今後どうするか、方針を知りたい。

日本側からは、戦争終了につき東北タイの米のインドシナへの輸出は中止する、ムクダーハーンとサコンナコーンでの日本兵向け米購入に便宜を乞う、という連絡があった。

タイの公文書に登場する米（khao）の数量や価格は、籾米（khao pluek）を指すのか精米（khao san）を指すのか、明記している個所もあれば、明記しない個所もあり、判然としないが、前述のようないきさつを要約すれば、大略次のようなことが言える。

一、日本軍はタイ側の日泰政府連絡所（後に同盟国連絡事務局）との交渉で、毎月籾で一〇万トン（精米で七万～七万五〇〇〇トン）を日本側に売り渡すという合意を得ていた。この数量は年間一二〇万トンとなり、例年タイが輸出していた米の数量にほぼ相当する。つまり、日本は従来のタイ米の輸出総量のほとんどを購入しようとしていた。

二、しかし、タイが日本の需要を満たすことができたのは、せいぜい一九四三年五月頃までで、戦争末期には月量一万トンを満たすのがやっとの状態であった。その原因は、次のようなものであった。気候、地方によって米の豊作・不作の変動が激しいが、日本軍による米の大量購入で、地方によって生じた米不足、それによって生じたインフレの進行、また日本軍が大量に買い上げた牛や水牛など稲作生産手段の欠乏、タイ側では商人の隠匿、高値取引、県知事による米の備蓄・隠匿、統制、売却阻止などの動きが出てきた。また、日本軍の進駐による兵員や物資輸送のために、タイ国内の列車輸送に支障が生じ、米がスムースに流通しなくなっていた。さらに、戦争末期には連合国軍の空襲による橋梁・鉄道などの輸送施設破壊がますます米の流通を困難にした。

三、日本軍は十分に米を調達できないために、とりわけ地方では同盟国連絡事務局を通さずに直接購入したり、南タイではマラヤへ密輸出したりしていた。かりに日本軍が十分調達できたとしても、すでに日本軍は日本へ輸送する船舶を持っていなかった。国外へ輸出できたのは、食糧不足が発生している日本の占領地マラヤや、飢饉の発生しているフランス領インドシナに細々と輸送するのがせいいっぱいであった。それさえも連合国軍による鉄道破壊、橋梁爆撃で困難になりつつあった。

四、日本軍による米の大量買い付けは、もはや日本本土向けではなく、マラヤ、フランス領インドシナなど、日本占領地向けであり、それらの地域では飢饉が発生したし、発生する恐れがあった。タイのことを構っているよりも、そちらの方が緊急を要していたため、翻ってタイの経済を破壊に導いたのである。

第四章　忘れられた対日協力機関

1　タイ日合同委員会から「日泰政府連絡所」へ

日本軍の通過を認める協定を結んだ一九四一年一二月八日と翌九日には、日タイ双方は早速連絡会議を開いた。日本側の出席者は、左近允尚正海軍少将、日本大使館駐在武官の田村浩大佐、その後任者となる守屋精爾大佐、吉岡少佐、タイ側は二名の高級軍人と外務省からルワン・ピニットアクソーン、タナット・コーマン、チャラット・チャルームティエンの外務官僚が出席した。

日本側がタイに具体的に要請した内容は、まず、戦闘停止命令、バーンプー（チャオプラヤー河口の村）に上陸した日本軍部隊のバンコク入りに便宜と安全、通過する日本軍の部隊のための輸送手段の確保、道中の安全、宿泊場所と食事などの便宜供与、軍事施設の利用と拡張、食糧と武器の調達、工場建設、などがあった。これらの内容は外務省顧問であったワンワイタヤーコーン殿下を通じて、首相であり国軍最高司令官であるピブーンに伝えられていた。

このとき、タイ側は外交交渉と把握していた。だが、日本軍の要求内容と強引さに、外交手段ではなく、軍には軍が全面的に対応しなければならないと悟るのに時間はかからなかった。例えば、日本軍は進駐するやタイの鉄道を早速利用し始めていた。一二月一〇日にはベトナムのサイゴンを発した部隊は、カンボジアのプノンペンからバンコクを経由し南タイに至る鉄道一貫輸送で運ばれていた。

バンコクに進駐してきた日本軍の前田少佐らが早速出かけた先は、鉄道局であった。一二月二〇日の会合では、今村中佐が出席して、プノンペンに列車を回送し、バンコク経由でピサヌロークに輸送する一三本の列車増発を要請していた。日本軍は往復七日間かかり、列車二一編成となるという。タイ側は機関車・貨車不足で不可能であると返事した。理由は、日本軍がすでに南タイで日本軍の兵員輸送に使い、バンコクに回送しないから、列車約三〇本が南タイに滞留したままになっているという。しかし、今村中佐はタイ側の拒否理由を聞き入れようとしない。

こうした日本軍の強硬な態度が鉄道小委員会を成り立たせなくしていたのであろうか、鉄道小委員会はわずか一〇日間で機能不全になっている。日本軍は確かにタイを通過しようとしていた。そのための手法は問答無用とも言える荒っぽさがあった。

日本軍の要求・要請に対処する会合が、次々と開かれていた。プラユーン・パモーンモントリー陸軍大佐が小委員会に関する会合を一二月一二日に召集した。合同委員会を結成し、委員会は国防省を除き、各省庁から代表をひとり送り込むことになった。一四日にはタイ商業会議所を事務所として使用すると発表した。プラユーンはその際に、「日本軍がタイ領通過の許可申請をしてきたところ、攻守同盟を結ぶことになった。日本軍は尊大な態度をとり、タイを自分たちの一部としか考えていない。今次の戦争では、日本軍が前面に出て、われわれは後ろ盾となって支援することになった。例えて言えば、われわれに被害が及ばないように、激流に放水路を設け、放流するようなものだ。日本軍の用件は、時間が無い、待ちきれない、などと大抵性急で、即断即決のものばかりであろう。規則や法律を持ち出さずに、同じ立場にあるものとして、できるだけ彼らに融通を利かすようにしてほしい。何か支障が生じると、彼らはわれわれを信用しなくなる。彼らは占領するかもしれないし、何をしだすかわからない。ともあれ、委員会に提案できる時間があれば、委員に検討してもらってから着手してほしい。わが方の損失が少なく済むように、常に心がけてほしい」と挨拶して、日本軍を内に抱え、その要求が強引で性急なうえ、対応を間違えば独立を失う危うさを訴えた。

一二月一二日に開かれた通信関係のタイ日合同会議では、高橋大佐と橋本氏が出席し、タイ（バンコク）と大阪・上海・サイゴン・ベルリン・ローマ以外の外国との無線通信は停止する、郵便書簡・電報には検閲制度を設け、日本軍将校が立ち会う、ただし、タイ国内、日本、同盟国からの書簡は疑わしいものを除いて免除する、と取り決めた。また、一二月一九日以降は日本軍の軍用通信費を無料とし、略号の最初に"J. F."［Japanese Force の略であろう］を冠するという要求に、タイは応じた。タイは日本と日本の同盟国以外は通信ができなくなり、情報通信の分野において、国際的に孤立させられてしまった。

交通省は情勢に鑑み、鉄道輸送、水上輸送、陸上輸送、郵便電信の四部の小委員会を設置した。今村中佐が委員長になり、軍用水上輸送の協定案が提示された。①水上輸送では戦略上日本軍にあらゆる特権を付与する、②必要とあれば日本軍は輸送部隊を設置でき、タイは支援協力する、③タイは必要な人材・資材を提供する、などがあげられていた。一二月二一日にはタイ側が文官一名、水上局将校三名、日本側からは寺倉大尉が出席して合同会議が開かれた。寺倉はソンクラーに五〇～二〇〇トン級の輸送船が何隻あるか尋ね、労働者の雇用を申し出ている。

矢継ぎ早に出される日本軍の要求を、タイは全てに応じることはできなかった。委員であった陸軍のチャイ・プラティーパセーン中佐が委員長となり、モームチャオ・ピシットディッサポン・ディッサクン中佐、海軍のサワット・チャンタラマニー中佐らがタイ側だけで会合し、①もっと要求を軽減するようチャイ中佐が交渉する、②ラーチャウォーラデット船着場［チャオプラヤー川岸、バンコク北部］は国王専用で日本軍の使用は不可、③港湾施設の全面使用を認める、④海軍用ドックの使用は認めるが、日本軍には管理させない、⑤燃料・機材はあれば便宜を図る、⑥輸送船の提供は水上局と協議する、などと取り決めた。その結果、日本側も最初の要求をかなり引っ込めるようになった。

一二月二三日には、ピブーンは国軍最高司令官として、

タイは日本と共同作戦協定を結ぶので、双方が必要に応じて、良好に迅速に任務を遂行できるようにしなければならない。そこで、タイ日、日タイ間の連絡を行なう委員会を設置して、一二月一二日の野戦軍命令により「合同委員会」(Kammakan phasom) と命名した。タイ商業会議所（サナーム・スアパー）に実行機関として事務局 (Kong ammuaikan) を設置し、鉄道輸送、陸上輸送、水上輸送、郵便電信、税関、経済、の小委員会を置く。この委員会があらゆる場合の唯一の日本側との連絡機関とする。ただし、バンコク・トンブリー地区以外の地方では、県の軍司令官と県知事が代表となる。また、基本に関することは常に委員会に連絡する。委員会は各担当官と連絡して、私の政策通り実施する。連絡を受けた担当

官は目的を達成させる。

と合同委員会の概要を語り、正式に発足を発表した。

日本側はタイ側のこの合同委員会事務局を「日泰政府連絡所」と呼んだ。一二月一二日に任命されたタイ側の最初の委員長はルワン・ウィチットソンクラーム陸軍少将、委員にはルワン・プラシットユッタシン陸軍少将、ルワン・サムデーンピッチャーチョート海軍大佐、プラユーン・パモーンモントリー陸軍大佐、ルワン・ヨートアーウット陸軍大佐、チャイ・プラティーパセーン陸軍大佐、サコン・ロッサーノン海軍少佐、文官ワニット・パーナノン氏、秘書アート・チャルーンシン陸軍大尉らであった。日本側の委員長には磯山少将、委員には左近允海軍少将、田村大佐、守屋大佐、高塚大佐、矢原中佐、有村少佐、吉岡少佐が選ばれていた。タイ側のワニット氏を除き、タイ日本双方とも高級武官が委員を占めた。

先述のごとく、鉄道輸送小委員会は一九四二年一月三日に早々と廃止されている。わずか一〇日続いただけであった。理由は不明であるが、日本軍の性急な要求にいちいち検討している暇もなく、一〇日で敢え無く消えてしまったのではないか。また、経済小委員会も四月一五日に廃止されている。日本軍の要求の度合いが高い小委員会ほど成り立たなかった。日本軍の要求・要請の多さと性急さが、小委員会を機能不全に陥らせていたのだろう。ただし、改革された同盟国事務局の第二期の委員課が統括していた委員会および小委員会には、鉄道小委員会、伝染病防疫小委員会、軍用鉄道建設委員会、県小委員会、広報宣伝委員会が残っている。組織は、臨機応変に新設改廃されていた。

地方では、県知事と県駐屯の陸軍部隊長が日本軍の窓口になっていた。この県小委員は、マレー侵攻に向

図５　日泰合同委員会組織図

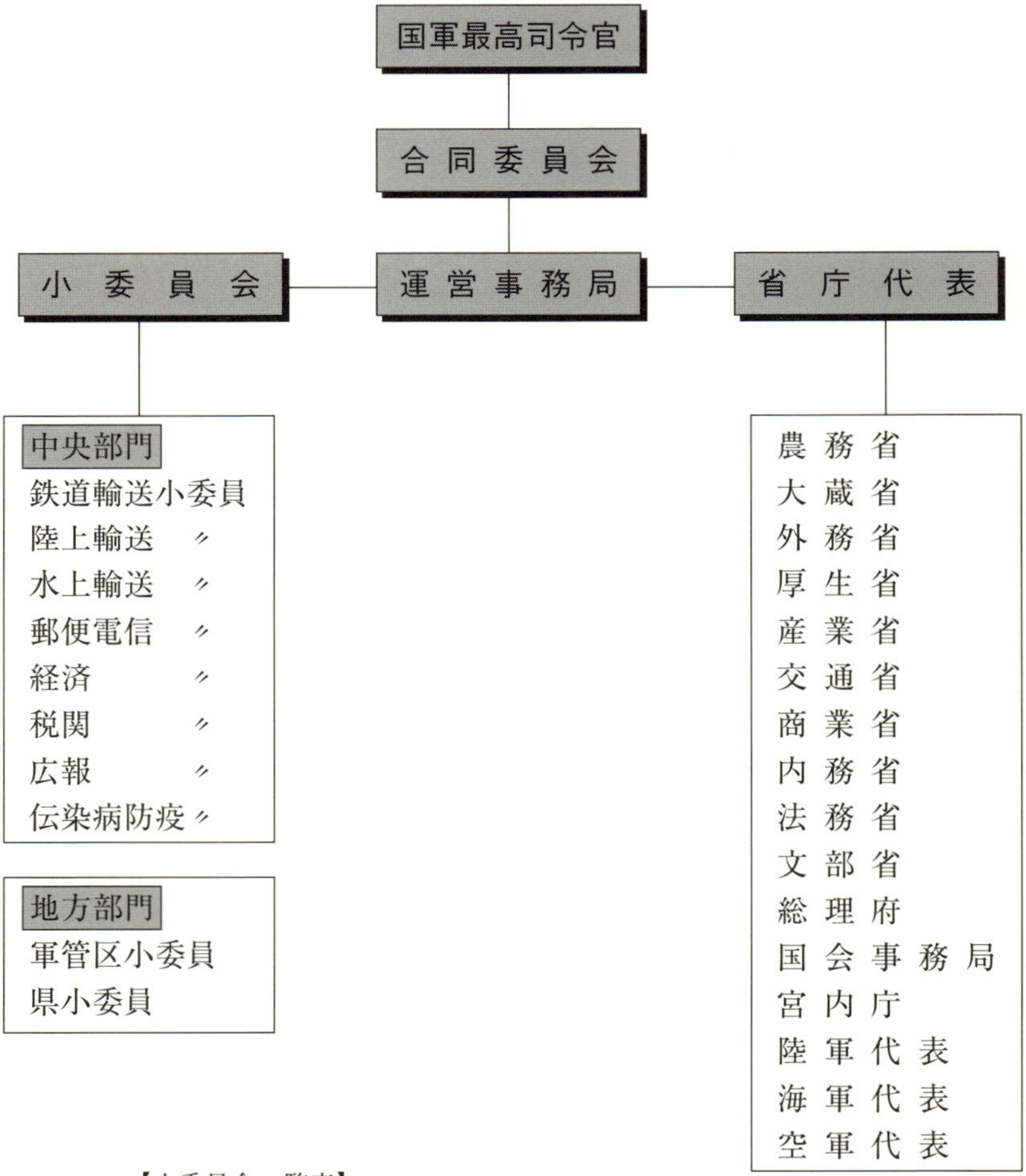

【小委員会一覧表】

鉄道輸送小委員会　（1941年12月23日～1942年１月３日廃止）
陸上輸送小委員会　（1941年12月23日～1944年６月19日廃止）
水上輸送小委員会　（1941年12月23日～1944年６月19日廃止）
郵便電信小委員会　（1941年12月23日～1942年１月３日廃止）
経　済　小委員会　（1941年12月23日～1942年４月15日廃止）
税　関　小委員会　（1941年12月23日～戦後も存続）
広　報　小委員会　（1941年12月23日～1943年３月18日廃止）
伝染病防疫小委員会　（1942年１月31日～1942年６月20日廃止）

けて日本軍が集結していたとみられる南部のソンクラー、ビルマ侵攻に向けて西部のカーンチャナブリー、および中北部のピサヌロークに置かれていたが、日本軍の散開とともに北部にも設置された。しかし、日本軍を相手に県知事が応対したのでは、日本軍に威圧されるのだろうということで、軍管区の司令官が応対することになった。地方の権限は最小限、最低限に抑えられていた。ここでも軍には軍をという対応の仕方をしていた。

2　タイ滞在の日本兵の法的地位

開戦と同時にタイに進駐した日本軍の兵力は約五万と言われ、敗戦時には一一万、戦後ビルマから引き揚げてきた兵を含めると最大一七万がタイに滞在していた。タイ国内に駐屯するこれら日本兵・軍属の地位を、タイの法律に基づいてどういう位置づけにするのか、という問題が法務省から提起されたのは一九四二年八月二一日であった。法務省の見解は「タイ日協同作戦に関する協定細則第一二項の「兵」(thahan) とは陸海軍司令官から許可された軍の業務に就く民間人［軍属］を含んで解釈するのは、拡大解釈であり、われわれにとって不利である。また、第一三項の免税措置などだけで、司法権については言及がない」という内容であった。「軍属」という地位身分が、軍人になるのか、官吏なのか、あるいは民間人なのか、が問題にされていた。

委員会の回答は、日本軍は自らの軍人・軍属を処罰する権利を有すると主張するが、日本兵の起訴は可能だという。タイ側は、①軍属の地位は、タイ側の解釈では民間人である、免税措置を認めても、治外法権は認めない、②脱税容疑者として逮捕した日本商人は、日本軍出入りの業者であるという理由で、身柄を日本の憲兵に引き渡すよう要請してきたが、承知しなかった、容疑者を起訴できた、だから、日本軍人や軍属の治外法権は今後とも認めない、と回答していた。

委員会はさらに次のような表現で、細かい取り決めはかえって問題解決を困難にするという見解を示していた。つまり、タイと日本との関係は権力の弱者と強者との差があり、法の正義に潜む権力を排除することはできない、権力を意識せずに公正さを追求することもできない、最大限、国益のためには適当な妥協も必要、協同作戦の細則は双方とも大まかな協定で細かく明確にしなかったため、実際の問題解決には、協定の規程解釈に差ができるが、何回も拡大解釈して利用してきたタイのひとつの手段でもあった、と評価していた。日本軍を相手に、かたくなに抗議反対を繰り返しても、日本軍の反感を買うだけで、タイにとっては不利になるばかりという思いから、タイは日本軍と妥協を重ねながらも、国益を守るという、基本姿勢を示していた。

3　タイの官憲と日本軍憲兵隊

タイ警察と日本軍憲兵隊

一九四二年一月一七日には、タイ日両国の利益のためという理由で、週一回、毎週土曜日、タイ警察の代表と日本の憲兵隊隊長が会合を開くことが取り決められた。具体的には、安全確保、国民の動静に関する意見交換、スパイ活動・敵宣伝活動の防止、タイと日本軍の利益を損なう活動の防止、タイ国民と日本兵の間に生じた事件、日本軍に対して犯罪行為をした者は、日本側はタイ側に協力して容疑者の尋問は四八時間以内にして、身柄・証拠をタイ側に引き渡す、ことに合意していた。しかし、日本兵の容疑者に対しては、タイ側は日本兵の取り調べの機会がなく、証拠物件を入手できなかった。

一〇月七日の取り決めで、ようやく日本側は必要に応じて取り調べ調書や証拠物件を手渡すようになった。また、日本側憲兵隊長林大佐との取り決めでは、連絡を密にするため、①同一の事務所を所有する、②盗難、諜報活動などいかなる場合も双方は協力して行動する、③日本軍に接触する人物の逮捕は、日本側のみ行なうのではなく、タイ側の憲兵、警察、地方官僚協力により行なう、④取り調べは四八時間を超えない、日本側はタイ側に身柄を引き渡す、タイ人に拷問を加えてはいけない、などであった。

日本側はタイ人の利敵行為を見張るためであり、タイは日本軍の無法行為を警戒するためであった。何のことはない、お互いがお互いを監視するためであった。日本軍の駐屯が一年近く経過すると、日本側のタイ人取り締まりや逮捕に越権行為が目立ち、しかも拷問も行なわれていたのであろう、タイは日本の憲兵隊に注意を喚起しながら、警察権はタイにあることを再度主張していた。

合同憲兵隊と信書の検閲

タイ側が日本軍の越権行為に神経をとがらしている頃、泰緬鉄道建設の後方支援基地になっていたバーンポーンで、一九四二年一二月一八日、日本兵が僧侶の顔面を殴りつけるという事件が発生した。路上で白人捕虜に出会った僧侶が、ひとりの捕虜にタバコを恵んだ。それを見咎めて、日本兵が殴ったのだった。寺院に寝泊りしていたタイ人労働者がそれを見て騒ぎだした。日が落ちて、日本兵が銃剣や棍棒でタイ人労働者を襲撃し、事態は大きくなった。タイの警察や郡長が駆けつけて、一旦は収束したように見えたが、奥地のカーンチャナブリーからトラックと自動車で駆けつけた鉄道隊隊員たちはバーンポーン警察署を襲撃した。タイと日本双方に各一〇名近い死者を出す事件に展開した。国民のほとんどが敬虔な仏教徒であり、仏に仕える神聖な存在として僧侶を篤く敬うタイ人は、日本兵の不遜な振る舞いに、付近に駐屯するタイ陸軍の部隊が不穏な動きを示すほど、怒りを露わにした。

バーンポーン事件を契機に日本兵の乱暴狼藉を取り締まるため、同年一二月二一日にはタイ日合同憲兵隊を組織することになった。バンコク市内のサーラーデーンに南部方面隊、中央病院前に北部方面隊、バーンソムデット学校前にトンブリー方面隊（トンブリー方面隊は一九四二年三月二四日に廃止され、後にドーンムアン方面隊を設置）と三方面に分けて設置した。タイ公文書館に保存されている「在盤憲兵隊将校名簿」には、徳田豊大佐以下一五名の将校と黒木、宮川、江畑の通訳三名、同じく「在盤憲兵隊准士官名簿」では、一〇名の准尉の名があげられている。合同憲兵隊の取り締まりで扱った事件に関する調書は数千枚にもなって、タイ国立公文書館に保存されている。

一方、一九四二年一月一六日の協定で、郵便通信の検閲は日タイの官憲合同で実施することになっていたが、実際には日本軍の憲兵隊が行なっていた。日本側は一九四三年六月一四日にドイツ・イタリア籍および中立国人の検閲を主張し、さらに、郵便量が増えたという理由で、バンコク以外のチエンマイ、プーケット、ハジャイ、カーンチャナブリー、バーンポーンでも検閲を行ないたいと、政務担当の憲兵森大尉がタイ側に協力を求めてきた。

日本軍は憲兵隊をチエンマイ、ハジャイ、プーケットの各三か所に駐屯させて、郵便の検閲を行なおうとした。他に最高司令部でも行ないたいと申し入れていた。日本軍はタイの中枢機関をも疑うようになっていたのだろう。チエンマイでの検閲は北方軍（日本軍は外征軍と呼んでいた）の管轄地域にあり、タイ側の拒否にあって、日本軍はあきらめている。怪しい書簡を検閲に委ねるかどうかは、タイ側にあると主張し、各地での検閲官は二名までとし、検閲の担当者は写真つきの身分証をその都度持参しなければならない、などとタイは注文をつけて、規制を強めていた。一一月に至る交渉は詳しく文書に残っていて、タイ側は協力せざるを得ない状況のなかで、抵抗の姿勢を示していたことがわかる。

4　広報小委員会

正式にはタイ日広報小委員会（Khana anukammakan prasan ngan khotsana thai-jipun）と呼んだ委員会は、第一回の会合は一九四二年一月一八日に開かれ、毎週一回、通信連絡、報道管制、ラジオ電波規制などが話し合われ、毎回の会議録が残されている、几帳面な委員会であった。最初の会合にはプラユーン大佐、守屋大佐、寺田中佐が出席していた。

一九四三年一月五日の第四一回会合では、日本側はインドのデリー放送、中国の重慶放送の傍聴禁止を要望したところ、警察局は一月八日にデリー放送の傍聴禁止命令、重慶放送は中国人が聴くので不要とした。この判断は日本軍の要望に沿いながら、情報収集のため巧妙な抜け道を作っておいたものだった。今でこそ英語が理解できるタイ人は多いが、当時のタイでは英語の理解できる人はごく少数のエリートであった。一方、当時は今よりも中国語の理解できる中国系の民間人がはるかに多かった。警察はもちろん民間にも連合国側の情報が筒抜けになっていたにちがいない。同年三月一六日の第五〇回の会合では、泰緬鉄道の建設は機密であるのに、ビルマの放送は三月一日一九時の放送で伝えていた、という報告があった。日本軍はタイからの情報を遮断するのに懸命であったが、外国からの情報は日常的に入ってきたし、またタイ国内の情報も国外に漏れていたことがわかる。

5　同盟国連絡事務局

タイ駐屯日本軍司令部

日本軍進駐の一年後の一九四三年一月、タイ側は日本大使館の石井コウ氏から、日本軍と日本大使館との意見対立を知った。坪上貞二大使の意見は、「タイは戦場ではない、日本の友好国であるから、外交を用いるのが正しい、軍事は対戦国に用いるべきであって、同盟に違反していない忠実で平穏な友好国に用いるべきでない、武官はいつもタイを疑念の目でみている」という内容であった。タイとの交渉では日本軍の専横が目立つようになり、威圧的な態度を取ることが多くなっていたことが想像される。

こうした関係を打開するような動きが日本からもたらされた。一月四日に東条英機首相からタイ駐屯軍司令官を任命された中村明人中将は、一月九日には赴任挨拶のため東京のタイ大使館を訪問していた。タイ大使館のタウェーティクンは中村のタイ赴任を「日本兵の当地での悪行と関連するものであろう」と本国に打電していた。中村は東条から「泰緬鉄道のバーンポーン事件が日タイ同盟に与える影響を憂慮して」という言葉を聞いていて、日タイ同盟護持という意向を知っていた。同日、バンコクでは、日本大使館駐在武官の守屋精爾少将がタイ最高司令官ピブーン元帥宛に、「泰國駐屯日本軍司令部」の設立を伝えた。

ところが、タイ軍部の受け止め方は違っていた。野戦軍参謀長のケート・サムリー中将は、「タイ駐屯日本軍司令官という地位は、タイ最高司令官と対等の立場で交渉しようとするもの、従来以上に最高司令部に負担がかかる、政治介入が起こる。合同委員会を廃止し、事務局の担当官と業務を全て司令部に移管し、副参謀長の地位を設け、日本側との連絡担当を任務とする。適任者はチャイ・プラティーパセーン大佐」と語り、むしろ日本軍が強化されるのだから、タイ側もそれに対抗して、対日協力機関を改組し、権限を集中強化しようという意見であった。この直後の三月二三日に、タイは戦争が緊急事態にあるとして、タイ全国に戒厳令を発布した。国家体制の引き締めが強まったことを示していた。

一方、タイ駐屯日本軍は通称「義部隊」と名乗り、バンコクのサートーン通りのチャオプラヤー川岸近くにあった泰国中華総商会の建物を接収して司令部を置いた。四月二九日には『泰國駐留（通過）将兵必携』と題する冊子を作成して配布し、タイが独立国であり同盟国であること、タイの風俗習慣を尊重すること、礼儀を重んじること、盗難・病気に気をつけること、言語・通貨は不通であることを説き、軍紀引き締めを図っていた。

大東亜省の新設がヒント

対日協力機関の改組にあたり、タイが参考にしたのは、日本が新設したばかりの大東亜省であった。大東亜省は、日本が領有支配する大東亜地域に関する諸般の政務の施行を一元的包括的に管理する目的で、一九四二年一一月一日に設立された。日本本土、朝鮮、台湾、樺太を除く大東亜地域に関する諸般の政務を施行（儀典、条約・協定の締結交渉などの純外交を除く）し、この地域の商業、邦人に関する事務、殖民、海外拓殖事業、対外文化事業に関する事務を管理することになっていた。従来の拓務省、興亜院、南洋庁、対満事務局、関東局に関する事務が総括され、総務局、満洲事務局、支那事務局、南方事務局にまとめられた。外務省の権限の一部が大東亜省に移管されるのに抗議して、東郷茂徳外務大臣と次官は辞任していた。

タイとの外交交渉は大東亜省の南方事務局の管轄に含まれ、タイの日本大使館も大東亜省直轄となった。在京のディレーク・チャイヤナーム大使は早速電報で本国政府に報告したが、本国政府からは何の反応もなかった。大使は自分の判断で「我々は新しい省の設立に不満である」と日本側に抗議していた。在京タイ大使館のコンティー・スパモンコン書記官は「戦争遂行のためアジア地域の事業を集中して管理するためであった」と理解していた。

翌一九四三年二月一日になって、タイでは最高司令官の命令で、タイ外務省に意見を求めながら、日本の大東亜省と同じような組織に、合同委員会事務局を改組するよう、チャイ・プラティーパセーン大佐に計画立案を委嘱した。合同委員会事務局が現況の要請に十分応えていない、というのが理由であった。チャイ大佐とモームチャオ・ピシットディッサポン中佐が全ての任務を統括してきたから、今後とも早急に実施できるようにと一任され、東京のタイ大使館から送られてきた大東亜省に関する官報の英訳が添えられていた。

写真９　第二次世界大戦当時、1943年２月からタイに駐屯していた日本軍が司令部として使用していたタイ国中華総商会の建物。サートーン南のタークシン橋駅前に当時のままで保存されている。

大東亜省新設に対する各国の反応を調べたとき、バンコクの坪上大使は一九四二年九月一四日付外務大臣宛の公電で、在留邦人一四〇〇名、総領事を会長とする貿易会の加入商社が九一社、社員の新規呼び寄せ希望数二三一九名（七月現在）を数えるが、タイ政府は外国人および外国商社の取り締まりを強化している、と報告している。日本側は戦局の拡大による軍需物資調達の必要から、商社の活動を活発化しようとしていたが、タイ政府は逆に日本の活動を抑制しようと努めていた。

部局名をどうするか

中村明人中将は司令官として一九四三年一月二一日に赴任して、二月一日に駐屯軍司令部を設けたが、中村がピブーンに会えたのは二月一二日であった。司令部参謀長山田國太郎少将が日本大使館付駐在武官を兼任して、守屋少将は病気のため帰国した。ビルマ戦線の奥深く侵攻していた日本軍にとって、後方兵站基地としてのタイは、ますます重要性を増し、タイ側の協力を求めねばならない情況であった。

新しい部局の名称として考えられたのが、Department of Alliance または Department of Co-ordinate Thai-Japanese であった。ピブーンの意見は、「Department of Co-ordinate Thai-Japanese（Krom prasan ngan thai-jipun）という名称は、これからもずっと日本がいるようで範囲が狭い、Department of Alliance（Krom prasan ngan phanthamit）とすべきである。その他は混乱しないように、現在の合同委員会と相談すべきである」と述べた。

一九四三年三月には、ピブーンはタイ駐屯日本軍を歓迎されざる存在として見ていたことがわかる。中村司令官がバンコクに着任したとき、国軍最高司令官ピブーン元帥はバンコクを留守にして北のチエンマイに滞在して、しばらくは戻ってこなかったのも、あわせてタイ側の意思表示と見れば、この時期、タイ指導者の対日関係に対する態度が大きく変化していた。だが、日本側はこうした対日感情の機微に気づかなかったのか、あるいは離れようとするタイを引き止めておきたいからだろうか、翻訳に際してはわざわざ「日泰同盟連絡事務局」という名称を用い、タイ語の通り「同盟国連絡事務局」という名称に改めたのは、山田少将の後任として濱田平少将が参謀長兼大使館付駐在武官として赴任した一九四五年一月以降であった。

大使館の駐在武官山田は、同盟国連絡事務局の設置に祝意を表して、次のような書簡を送っていた。

泰陸武六〇號
日泰同盟連絡事務局ニ関スル件通牒
昭和十八年三月二十五日　泰國駐在帝國大使館附武官　山田國太郎㊞
日泰同盟連絡事務局長　殿
貴簡一五五六／八六ヲ以テ貴國政府ハ従來ノ日泰政府連絡所ヲ閉鎖シ之ニ代リ更ニ強大ナル組織ノ下ニ日泰同盟連絡事務局ヲ設置シ日泰共同作戦ノ實施ヲ円滑敏速化ヲ計ル主旨ノ通牒ニ接シ日泰両國ノ為同慶ノ至リニ堪ヘス
就テハ今後益々貴局ノ御発展アランコトヲ祈ルト共ニ愈々日泰同盟ノ實ヲ擧ケラレンコトヲ切望スル次第ナリ
（了）

同盟国連絡事務局　第一期

三月一八日にピブーン元帥の名において同盟国連絡事務局が設立されたとき、事務局は最高司令部に直属し、戦時において、日本軍と同盟国との合同で事業を遂行する唯一の機関であり、合同委員会の全ての業務を移管する、とした。局長はチャイ大佐、副局長はモームチャオ・ピシットディッサポン中佐が任命され、

図6　同盟国連絡事務局組織図　第一期

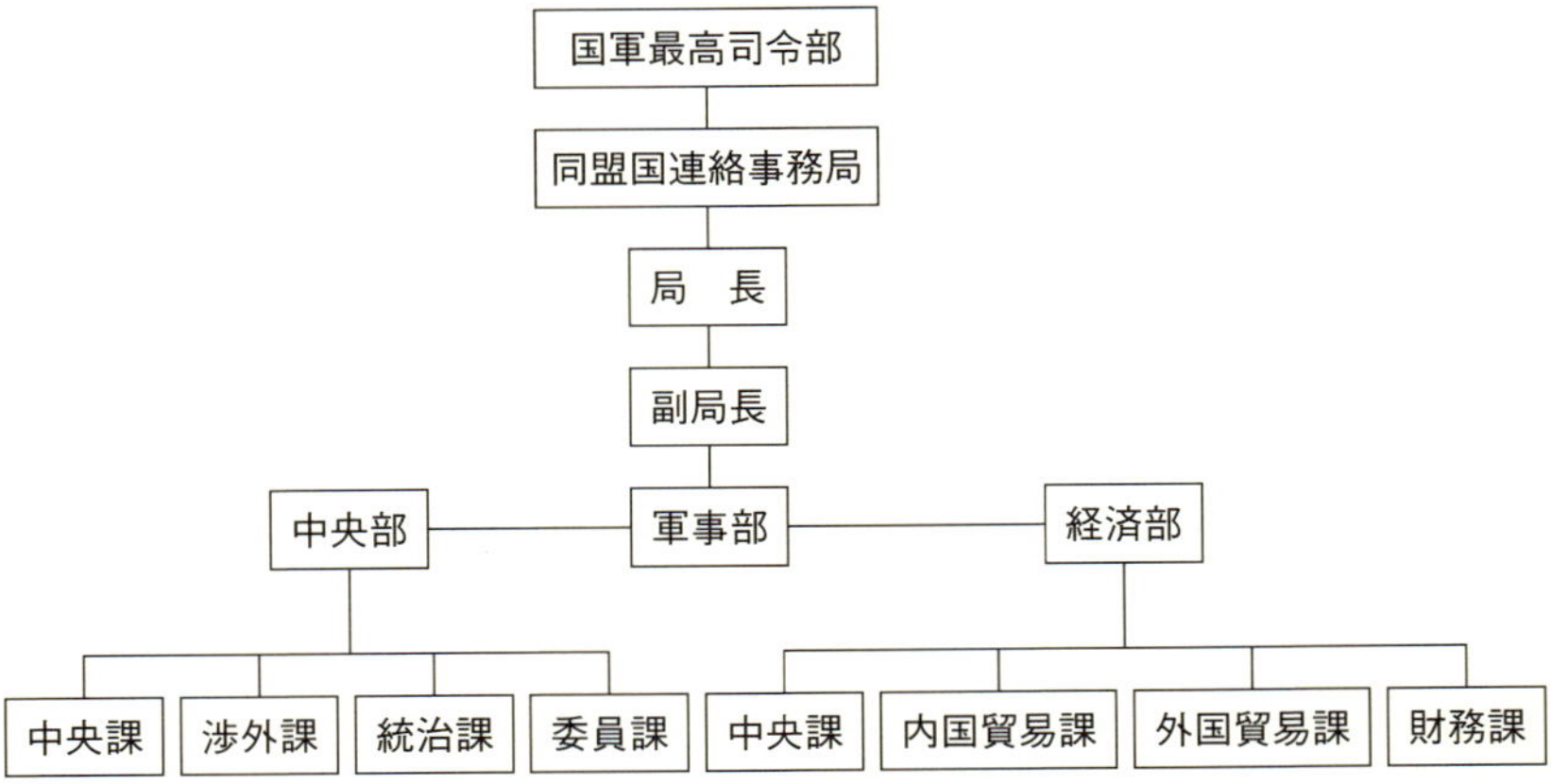

【中央部】中　央　課―指揮監督、秘書、人事。
涉　外　課―日本、タイとの連絡。
統　治　課―軍・警察・司法の安寧と治安の維持のための全ての業務。
委　員　課―タイ・日双方の委員の連絡、委員の報告を収集。

【軍事部】日本軍との連絡、特に国内外の日本軍の動静を探り情報を収集。割譲された新領土の防衛。

【経済部】日本側との経済・財政を統括。
中　央　課―申請をまとめ、印刷して送付、他の課が引き受けない業務を担当。
内国貿易課―日本側の申請を検討するため国内貿易課と連絡。日本と関係を持つ国内商業の状況を調査、政策を提案。
外国貿易課―日本側の申請を検討するため外国貿易課と連絡。日本側と関係を持つ外国貿易の状況を調査、政策を提案。
財　務　課―日本との関連で生じた財政問題の解決を検討。
かつて日本側と交渉してきたが、全状況を把握できなかったという反省から、この課を設け、日本側と商売する民間の商社や商品を監視し、監督する。外務省の担当官を起用。

武官九名、文官五名の局員、さらに総理府から五名、外務省三名、内務省二名、大蔵省一名、農務省一名の出向者を迎え、総勢三二名で始まった。

同盟国事務局の組織は、図6のような構成になっていた。

この組織では、日タイ合同連絡所時代の合同委員会が残されているが、一部の委員会を除いてかなりが消滅している。このときの新領土とは一九四一年に獲得したカンボジアの一部とラオスの一部を指す。ともあれ、かつての各省庁から総花的に集められていた事務局に比較して、同盟国連絡事務局は貿易の交渉と財務の統括に重点が置かれている。

タイの政変と同盟国連絡事務局　第二期

事務局の改組が行なわれるのは、ピブーン首相の提案した首都移転案が国会で否決され、一九四四年七月二四日にピブーン自身が辞任し、八月一日のクワン・アパイウォン内閣成立後の、八月一一日以降であった。ピブーンは首相を辞任しても引き続き最高司令官の地位にいたため、まず同盟国連絡事務局は最高司令官直属から国防大臣に直属することになった。同盟国連絡事務局が下野したピブーンの支配を受けないように配慮されたのだろう。ところが、ピブーンが八月二四日に国軍最高司令官の地位を解任されると、八月二八日には再び最高司令官に直属することになった。威信を維持し、迅速に実行するためであるとする。八月二九日午前九時頃、約一〇名の日本兵がチュラーロンコーン大学病院の構内に侵入してきて、銃剣を持って匍匐前進していた。翌三〇日には二〇〇名の部隊がラーチャダムリ通りを行進し、同病院を通り抜けて、反対側のチュラーロンコーン大学の通りを抜けて行った。ピブーンを解任したタイの政変に対して、反対の立場を表明する日本軍の威嚇行為であった。近くのルンピニー公園では、日本軍の部隊が野営していた。

九月一九日には規約の改正が行なわれ、局長または副局長は毎回閣議に出席して傍聴することになった。緊急の用件は局長または副局長が総理大臣に直接連絡し、判断を仰ぐことができた。各省庁に関する用務は、副大臣を通じて大臣に連絡することができるようになった。武断の性格を保ちながら、部局以上の省庁に準ずる行政の地位を得ていた。規模も八月二八日現在で、軍人・文官・職員七二名に増えていた。

翌一九四五年一月二三日には、さらに大規模な改組が行なわれた。局長にはプラ・サラーパイシンサワディカーン陸軍中将、副局長モームチャオ・ピシットディッサポン陸軍大佐、局長補佐モームチャオ・チットチャノク・クリーダーコーン陸軍中佐、エーカチャイ・イッサラーンクーンナアユタヤー海軍大佐が就任して、下士官三四名、憲兵二七名が投入され、一四〇名の陣容になった。

一九四四年七月末には、日本軍はビルマ国境を越えてインドに侵攻するインパール作戦に失敗して、戦況は急速に悪化していた。そんな折から、八月二四日に就任したタイ側の新しい国軍最高司令官チット・マンシン・シナートヨータラック中将は、「日本との合同事業も次第に履行範囲が拡大するが、言語の異なる彼らと一緒に事業するのはとても難しい。意図するにせよ、しないにせよ、各派ともいらいらし疑心暗鬼が生じて、ついには気が荒れるままになっている」と記して、日本軍のあせりと殺気だってきた雰囲気のなかで、矢継ぎ早に出される日本軍の注文に、従来のままではタイ側も対応が困難になっていた。陣容の強化はひとえに日本軍の動静如何によっていた。

改組後の組織は、図7のようになった。

日本軍とタイの協力機関は、従来から経済部や経済課を通じての、軍需物資の調達が主であった。経済部課関係の文書から、日本軍がどのような物資を調達していたかを読み取ることができる。一方、軍事課であげられた業務からわかる通り、日本軍はタイ国内での軍事演習、道路建設、飛行場建設、陣地構築などの建設工事、そのための労務者の調達なども手がけていた。つまり、タイは後方兵站基地としての役割だけでなく、軍事基地としての役割を担わされるようになっていた。

例えば、一九四四年二月五日付のピブーン元帥宛て中村司令官の書簡では、①タイの新領土シャン州の兵力、築城の増強、②チエンマイ―タウングー［ビルマ］間の道路は現在日本軍が建設中であるが、さらにバンコク―ハジャイ（鉄道の南タイ線に沿って）、ラヘーン―メーソート［中部タイのタークから西へビルマ国境］、ウドーン―ナコーンパノム［東北タイの中央から東へメコン川畔まで］、プラチュアプキリカン―ビルマ国境までの、四本の戦略道路を自動車道路にしたいとタイ側に呼びかけ、日本側は建設機械を提供するから、一一月までに完工させてほしいと要請している。タイ側では交通省、内務省、道路局長を集めて協議を行ない、日本側の建設機械がどれだけ提供されるかによって、期限内に完成できるかどうかと回答していた。かつてタイ政府のお雇い専門家としてタイ土木局に四年滞在したことのある稲垣中尉らが交渉にあたり、本格的な道路でなく簡易道路でよいからと、切迫していることを示していた。また、すでにチエンマイ、ランパーンの飛行場拡張工事は前年に実施されていたが、さらに③ウボン［東北タイのメコン川沿岸地域］二か所、ラーチャブリー［泰緬鉄道の起点］に二か所の飛行場建設を持ちかけ、機材と費用は日本軍の負担で、

図７　同盟国連絡事務局組織図　第二期

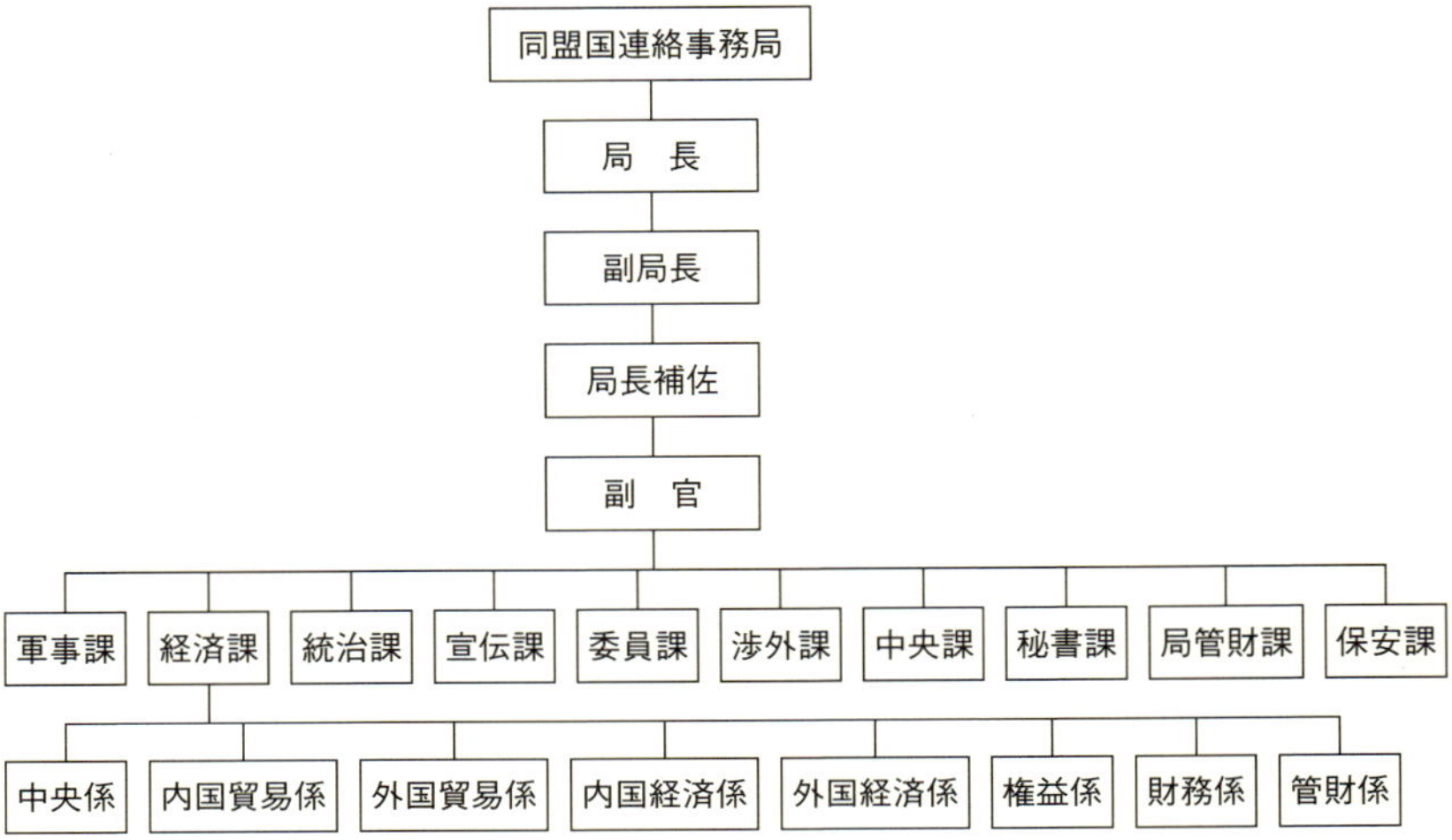

【中 央 課】［秘書課に相当］公文書の作成・授受・登録・印刷。公文書の整理・保存。タイ側との連絡交渉。記録。日本側との協定文作成。週２回の会議記録。各課への業務の配置。保安隊の指揮監督。

【軍 事 課】駐タイ日本軍司令官の要請によりタイ日協同軍事作戦のための飛行場建設の協議・協定。この事業により国民の権益損失防止。タイ日協力により戦略道路の建設。タイ国内の日本軍司令官からのタイの兵器購入の連絡交渉と代金の支払い。日本の南方軍から石油購入交渉と月毎の継続売買契約。石油の輸送搬入。タイ国内の日本軍の動静監視と情報収集。日本軍のための木造船建造支援検討と国民の利益や国益損失防止。木造船建造監視。タイ国内の日本軍の飛行に関する協定作成とタイ側が許可する各県の上空飛行監視。日本側大使館駐在武官と週１回の理解改善とタイ側の業務に関する協議。タイでは公的に認められない日本側の行為に対する抗議。タイ国内のインド独立義勇軍との連絡と協力。タイ空軍と日本軍とのドーンムアン飛行場およびその他の飛行場使用をめぐる協定と規制。タイ国内における日本軍の銃撃演習に関する連絡と協定。タイ国内の日本軍用宿泊施設、海岸線防衛に関する協議と支援。戦争情報の収集と要約。新領土に関する任務。日本側から割譲された際の協定に基づいて統治支援。官吏の派遣、転勤、昇給、賞罰、食糧・日用品の供給、予算検討。日本軍の動静に関する情報を収集。

【統 治 課】課長は合同憲兵隊の捜査班を指揮。外国の憲兵隊との円滑な任務遂行を図る。局内の各課との協力。警察局との協力任務遂行。

【渉 外 課】日本側との連絡の際のタイ語と日本語の内容を翻訳。通訳の派遣。日本側に対して抗議、問い合わせ、主張、協議を行なう。日本側の電話、会見を受ける。日本側に通知。日本による米の移動を調べ、統計を作成。

【委 員 課】局の方針を委員会、委員に伝達紹介。ただし局が議長を務める広報宣伝委員を除く。タイ側と日本側の委員に連絡を取り、協同で事業に当たる。協同事業においては国益を最優先させる。委員課が管理する委員会および小委員会は、鉄道小委員会（鉄道による日本軍の輸送）、伝染病防疫小委員会、軍用鉄道建設委員会、県小委員会、広報宣伝委員会。その他に、郵便電信電話の業務、陸上輸送・空輸の業務に関して実行。

【経 済 課】中　央　係―他の部課に関係しない業務を検討し実施する。経済課の文書作成。

内国貿易係―日本側がタイに要請し、タイがタイ国内の日本に要請する内容を検討・実施。

外国貿易係―タイ側と日本軍が各々国外と関係する貿易に関する業務を検討し実施。

財　務　係―タイと日本の側の金融に関する業務、タイ日の関税業務。

外国経済係―タイ日間の経済、陸上・水上輸送に関する業務を検討し実施。日本から購入した物資の輸送方法を探る。タイと日本軍との物々交換の検討。タイ日関税協定の見直し。陸上・水上輸送協定の検討。国外からの輸送方法の検討。日本兵の使用通貨。東京にある円［日本が借款している特別円］、日本側に支払う円、タイ国立銀行にある通貨の統括、大蔵省が協議を要請してくる問題。

内国経済係―国内のタイ日間の経済。日本軍が購入要請する統制品である虎印セメント、チーク材、牛・水牛を、国益を最優先しての日本軍への売却検討。

管　財　係―タイ日間で要求し合っている費用の検討実施。局自身の財務担当。

【局管財課】建造物・什器の調達管理、局およびタイ日関係の財務管理。

【宣 伝 課】国益を維持する広報宣伝を広報宣伝委員会と連絡を取りながら行なう。

一一月までに完工を要請していた。また、④軍用に木造船数百隻が必要となるので、木造船建設用に年末までにチーク材、資材、労働者を集めてほしい、一部はタイ側で建造するようにと、要請していた。なお、泰緬鉄道の建設はシンガポールの南方軍の直轄担当であって、タイ駐屯軍の任務ではなかった。

一九四四年の後半になると、タイ側ではタイ国内各地の日本軍の部隊名、隊長、駐屯地、現有兵力などを調査することが多くなっている。それらによれば、六月三〇日現在の駐屯日本兵は、バンコク・トンブリー地区に二七九五名、地方二万八九九三名、計三万一七八八名であった。全国に散開している駐屯日本兵の数を示すこの数字には、新領土となったシャン州のケントゥン、マラヤのクダー、クランタン、トレンガヌに駐屯する日本軍も含まれている。また、同年八月一日には首都圏を含む全国に展開する日本兵の総数は三万〇六九三名、一九四五年四月二四日に調査した日本兵の総数は四万四〇六五名となっている。他に大砲、軍馬、戦車、無線機などの数もあわせて調査していたのは、日本軍の兵力を把握するためであった。開戦四年目を迎える一九四四年一二月八日には、タイ駐屯軍は野戦軍の第三九軍に再編成されている。

地方の同盟国連絡機関

地方に駐屯して活動する日本軍にとっては、バンコクまで出向いてタイ側に連絡して、様々な要請・要求を行なう不便を痛感したのであろう。一九四四年一〇月六日になって、南タイで合同作業を行なう窓口を日本軍が要請した。日本軍は近々に南タイで兵力を増強するため、土地・建物・道路・交通機関・飛行場などの使用、食糧・労働力の調達を要請し、学校・病院の使用は極力避けるが、工場・倉庫は使用したいと要請していた。そして、タイ側の窓口になる担当官を、半島部のチュンポーンまたはナコーンシータンマラート、とりわけチュンポーンに置くのが最適と伝えていた。

要請を受けたタイ側は、南タイを統括するナコーンシータンマラート駐在の第六軍管区司令官が権限を行使するのに適当と判断し、軍管区司令官に相談し、許可を受けること、司令官は各県知事に細かい任務を分担させ、県知事は司令官に連絡、ただし、政策、法律、行政の基本に関わるような重要事項は除く、という提案をまとめ、閣議にかけた。一〇月三〇日の閣議で承認されると、規則が作成され、翌一九四五年一月一日から南タイ同盟国連絡部（Nuai kamprasan ngan samphanthamit thang phak tai）が発足した。七月一八日には東北タイ、北タイにも同様の機関が設けられている。南部はチュンポーン以南タイ領マレー北部四州を含み、日本側はマラヤのタイピン駐在の石黒貞蔵中将が責任者、北部は北方軍司令官が責任者となり、北タイと北ラオスのラーンチャーン州とシャンのサハラット・タイ・ドゥームが含まれた。東北タイは第三七大隊司令官が責任者となり、カンボジアのピブーンソンクラーム州を含んでいた。緊急の場合には、司令官が判断し指令することも可能であり、事後報告すればよかった。

タイに対応するため、日本側も一月二三日に連絡部を設けたものの、タイの文官のたいていが英米贔屓で、日本への協力支援に冷淡であると、日本軍の担当者がこぼしているのが、タイ側の軍部に伝えられていた。一月二三日になっても、日本側はナコーンシータンマラートに担当者も将校も駐在させていない、とタイ側も文官も送り込むのをやめてしまった。

図8　同盟国連絡事務局組織図　第三期

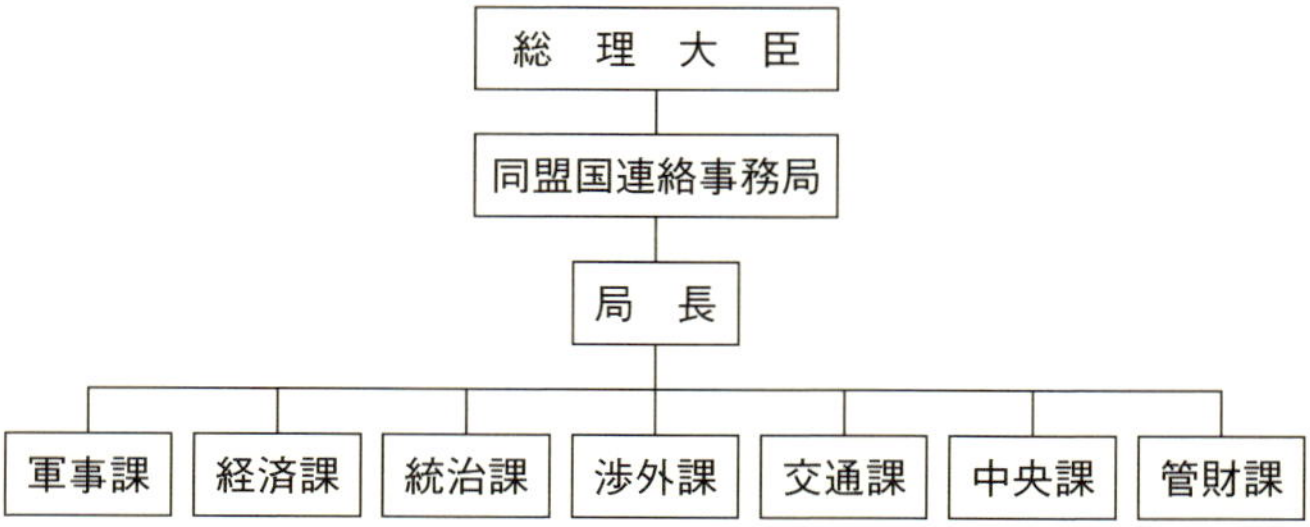

【軍事課】直接軍事や戦略に関わる業務担当。日本軍代表との交渉を一手に引き受ける。

【経済課】タイと日本軍との間の経済事業の遂行、協定による日本軍使用の軍需物資・金融・土地建物・労働力の手配と統制、タイの国益保全、タイ国内の敵性資産に関する業務。

【統治課】治安維持、タイ国内の日本軍兵士・軍属との訴訟事件、合同憲兵隊・警察、日本軍下の捕虜・スパイに関する事柄。

【渉外課】日本軍との理解を深め交渉を円滑に進めるための折衝、文書翻訳、抗議、問い合わせ、各省庁や地方県庁との連絡役。

【交通課】日本軍に関する陸上・水上・航空輸送、郵便通信など交通問題の解決、医療看護部隊・獣医学に関するタイ側と日本軍側の委員会業務。

【中央課】一般業務、日本軍との連絡に便宜供与、公文書の授受・保存、事務局職員の履歴を統括し、昇進・減給・解職・転勤・補充・報酬・処分・辞職の命令、鉄道乗車票の給付と記帳、会議・宴会の設営、事務局の保安。

【管財課】建造物・什器の調達管理、会計、車両の管理･修理・ガソリンの節約等。

同盟国連絡事務局　第三期

終戦を迎える年の一九四五年五月一一日、タイは緊急事態にあり、この事態に迅速に対応するためには、同盟国連絡事務局がますます重要となり、その業務が行政に直接つながると判断するクワン・アパイウォン総理大臣は、自ら命じて総理大臣に直属させた。組織は宣伝課、委員課、秘書課などの不要不急の課は廃止され、代わって交通課が新設された（図8）。

第三期の改組では、従来になかった視野が加えられていた。日本軍の下に拘束されている捕虜・スパイと敵性資産に注意が払われ、戦争の遂行に伴い、続出する傷痍軍人と伝染病流行防止のためのワクチンの製造など、新しい分野の追加が見られる。

6　対日協力機関に対する評価

一九四五年八月一五日に日本が降伏すると、翌一六日にタイは英米に対する宣戦布告が無効であったと布告して、タイの戦争も終結した。同盟国連絡事務局は八月三一日に、その任務を解かれた。

国軍司令官シナートヨーターラック中将は総理大臣宛に、

大東亜戦争勃発以来、タイは今次の戦争に関与せざるを得なかった。政府は日本側との連絡業務が成功をおさめるために、合同委員会を設立、その後、同盟国連絡局と名を変えた。同盟国連絡局が担った任務は、タイの独立と主権を保全維持するための、重要な部分であったと言える。そして、指揮者の意図通りの成果をあげた。今、戦争は終結し、廃止しなければならない。しかし、この局において公務にあたった担当者の名誉のために、内閣には感謝の意を表していただくことを提案する。閣議において、ご検討をいただくように提案する。

という書簡を送った。

八月二五日に、クワン・アパイウォン総理大臣から国軍最高司令官に対し、

タイが戦時下に置かれている間、同盟国連絡事務局は政府の政策に則り、着実に任務を遂行し、国家に満足すべき成果をもたらした。今回、任務が成功裡に終了したことに、私は貴局の担当官ひとりひとりに感謝の辞と賛辞を贈らずには居られない。どうか衷心からの感謝の気持ちを、司令官閣下から貴局の担当官各位に伝達していただきたい。

という声明が寄せられた。

タイの国益を保全し、独立と主権と威信を日本軍から守ったという安堵からであろう、日本軍とタイの官庁や商社の間に立って、地道に連絡と調整の職務を遂行してきた出向者の集団に、実際に報奨金の贈与が検討されていた。そして、日本軍との任務を終えた機関は、次いで九月から登場する連合国軍との連絡に再び活動を始めることになる。

タイ日合同委員会とそれを継承する同盟国連絡事務局では、一九四一年一二月八日から一九四四年八月七日に至る間、タイが日本との間で結んだ軍事に関する協定・覚書は五二を数える（五三、五四は筆者が追加）。

一　一九四一年

一二月　八日　タイ政府と日本政府との協定「日本国軍隊ノ「タイ」国領域通過ニ関スル日本国「タイ」国間協定」
二　一二月一四日　タイ日協同作戦に関する協定（チュラーロンコーン大学講堂で調印）
三　一二月二一日　タイ日同盟条約
四　一九四二年
一月　三日　タイ日協同作戦に関する協定
五　一月一四日　タイ日協同作戦に関する細部協定
六　一月一七日　タイ日警察業務の連絡会議に関する協定
七　五月　五日　タイ日協同作戦に関する増補協定
八　九月一一日　タイ国有鉄道による日本軍の軍用輸送の乗車賃・輸送費支払いに関する協定
九　九月一二日　タイ向け日本の軍事郵便物の取扱い協定
一〇　九月一六日　泰緬鉄道に関する協定
一一　一〇月　七日　タイ駐在憲兵隊長林大佐と合同委員会事務局担当官との協定
一二　一〇月一〇日　タイ向け日本の軍事郵便物の取扱協定による郵便物交換細部協定
一三　一〇月二一日　泰緬鉄道に関する細部協定
一四　一〇月二六日　タイ軍と日本軍とのバンコク飛行場利用と飛行場協同建設に関する協定覚書
一五　一二月三一日　日本軍の軍用輸送に関するタイ国鉄との覚書

一六　一九四三年　三月一〇日　タイと日本占領南方地域との通信に関する協定
一七　三月三一日　バンコク水域における日本軍用のための水先案内費用に関する協定
一八　五月三一日　クラ地峡横断鉄道建設協定
一九　六月一五日　クラ地峡横断鉄道建設細部協定
二〇　六月一五日　双方の越境する車輛数を保障する覚書
二一　六月一七日　鉄道輸送費とその他の費用の支払いに関する第一回合同覚書
二二　六月二二日　タイ空軍の輸送部隊設立に関する協定
二三　七月一九日　タイ国鉄の車輛借用料の計算の仕方と支払い方法
二四　八月二〇日　マラヤ北部とビルマのシャン州をタイに割譲するタイ日条約
二五　九月一八日　タイとマラヤとの臨時境界線に関する件
二六　九月一八日　タイ国軍代表と日本南方軍代表の間のマラヤ四州、シャン二州割譲に関する協定
二七　九月二六日　泰緬鉄道運行のためのマッカサン鉄道工場の協力支援に関する協定
二八　九月三〇日　マラヤ四州のタイ組入れによる鉄道業務の移管に関する協定
二九　九月三〇日　マラヤ四州のタイ組入れによる電信電話事業の連絡に関する協定
三〇　九月三〇日　マラヤ四州のタイ組入れによる郵便事業の移管に関する協定
三一　九月三〇日　マラヤ四州のタイ組入れによる税関業務の連絡に関する協定

三二　一〇月　一日　パダンベーサー駅とスンガイパタニー駅間の臨時鉄道運行に関する協定
三三　一〇月　一日　タイ鉄道と日本のマレー鉄道によるスンガイパタニー駅共同利用に関する覚書
三四　一〇月　一日　スンガイパタニー駅模様替え実施に関する覚書
三五　一〇月　二日　マラヤ四州のタイ組入れによる交通通信に関する協定
三六　一〇月　二日　臨時国境線廃止に関する覚書
三七　一〇月一五日　マラヤ四州のタイ組入れによるタイ国軍と日本の南方軍代表との地理上の国境画定書
三八　一〇月一五日　タイ・マラヤ国境調査に関する覚書
三九　一〇月一五日　マラヤ領内の水源と付属施設利用に関する覚書
四〇　一〇月一八日　クアラクライ以北の東線の鉄道業務移管に関する覚書
四一　一〇月一九日　タイ国内における空軍基地の新たな建設に関する協定
四二　一〇月二五日　日本海軍によるマラヤ四州領内の無線基地と機器使用に関する覚書
四三　一〇月二五日　泰緬鉄道運行のためマッカサン鉄道工場の協力支援に関する細部協定
四四　一一月二六日　日本の軍用輸送に関するタイ国鉄との覚書第一回改正増補
四五　一一月二六日　メーマーライ（チエンマイ）―ビルマ国境間の自動車道建設に関する協定
四六　一一月二六日　タイの虎印セメント売買に関する協定
四七　一一月三〇日　泰緬鉄道に使用する薪調達に関する協定

四八　一一月三〇日　泰緬鉄道に使用する薪調達に関する協定の覚書
四九　一二月　一日　タイ日ガソリン燃料売買契約書
五〇　一二月二八日　マラヤ四州の電気事業に関する協定
五一　一九四四年
　　　四月　一日　タイ国内における新規空軍基地建設協定
五二　八月　七日　枕木の売買に関する協定
五三　一一月一七日　タイ鉄道防衛に関する協定一〇項目（軍事機密）
五四　一一月二一日　タイ鉄道防衛に関する覚書八章二四項目（軍事機密）

この表は、強面の日本軍を相手に、せいいっぱい国家と国家との立場を貫き、独立と主権を守ったという自負の表現である。ところが、これだけの仕事をしていながら、戦後この機関は評価されるどころか、全く忘れ去られてしまった。日本軍と戦ったこともなく、せいぜい日本軍の動きを連合国軍に通報する程度の活動をした自由タイ運動が、戦後に抗日活動として高く評価されているのに比べれば、あまりにもその影が薄い。

モームチャオ・ピシットディッサポン・ディッサクン殿下（ラーマ四世モンクット王の孫、ダムロン親王の王子）の部下であったウェーク・チオウェートは、一九六六年の殿下の追悼文において、まず同盟国連絡事務局を次のように評価していた。

戦時下タイに駐屯する日本軍がどれほど沢山要求してくるかは、タイ政府は十分覚悟していた。タイの主権と独立を維持するため、妥協しながら重任を何とか軽減して応える政策をとらなければならなかった。同盟関係は、日本軍に同盟国としての要望を提示させることになった。軍同士の要求の場として、連絡支援活動のために、タイ政府はタイ日合同委員会を設置した。この事業が急速に増大拡大したので、同盟国連絡事務局を設置し、タイ国軍最高司令部と日本軍との間の要求に応じた。同盟国連絡事務局は、日本軍とタイ国軍、間接的にはタイ政府との緩衝機関であった。

日タイ同盟は、国と国との関係を対等の関係にするのに役立ち、同盟国連絡事務局は緩衝機関であったと評価している。さらに、同盟国連絡事務局の影の薄さについては、

タイ政府は日本との同盟関係を堅持し、常に日本軍担当者の疑心暗鬼を払拭するのに努めてきた。同盟国連絡局事務局職員には、日本軍将校と合同で自由タイ派の隠れ家と目される場所をひとつひとつ調べて回らせた。これは、一緒に取り調べに出かけた日本兵ともに命がけの仕事であった。日本が大東亜戦争で降伏したとき、同盟国連絡事務局の業務も終了したが、新政府は最初、同盟国連絡事務局の職員を日本軍に協力し支援してきた不届き者とみなしていた。しかし、その後、誰も関心を示さなくなった。だが、この大戦中、タイの独立、主権が損なわれなかったのは、同盟国連絡事務局の副局長と職員の努力の賜物である。

一九四六年九月から半年近く政権を担当していたのは、アメリカで自由タイ運動のリーダーを務めていた親英米派セーニー・プラーモートであった。

タイは中立を宣言していたが、日本軍の進駐で協力を余儀なくされた。さらにタイは日本と同盟協定を結び、英米に宣戦布告して、日本に追随した。時の首相ピブーンが執った政策は、日本の敗戦で批判されることはあっても、積極的に評価されることはなかった。日本軍の進駐とともに誕生した協力機関も、日本軍に協力したかどで非難されてしまった。だが、もし、この機関がなかったなら、さて、タイはどうなっていただろうか。そう考えたとき、評価はプラス・マイナス＝ゼロとなって、無視されてしまったということなのか。実際、鉄道輸送から始まって、軍需物資や食糧の調達、軍事基地や飛行場の構築と、次々と増える要求に協力を迫られながら、タイが国益保全に努力し、独立と主権を維持するため、日本軍を相手に三年半も悪戦苦闘していたのは、他ならぬ日タイ合同委員会と事務局であり、後を継いだ同盟国連絡事務局であった。日タイ同盟を結んだ以上、日本軍もまたタイの主権を軽々に蹂躙することができなくなった。他の東南アジア諸国と同様の調子で、〝日本占領下のタイ〟という表現を、外国や日本の専門家が安易に用いているのを読むとき、果たして正鵠を射た表現であろうか、という疑問を禁じ得ない。

参考文献

第一章

外務省外交史料文書（A, 7, 0, 0, 9-3-1）『大東亜戦争関係一件　「タイ」国問題　日、泰進駐協定並日泰同盟条約関係』。

外務省外交史料文書（A, 6, 0, 0, 6-7）『各国国情関係雑件　暹羅国ノ部』外務省東亜局一課「暹羅国情要略」一九三六年。

外務省外交史料文書（A, 6, 0, 0, 1-27）『諸外国内政関係雑纂　暹羅国ノ部』宮崎申郎「矢田部公使ノ対暹工作」一九四二年。

石川達三『包囲された日本　仏印進駐誌』集英社、一九七九年。

市川健二郎「日泰同盟の権力構造」『大正大学大学院研究論集』第一五号、一九九一年。

西野順治郎『新版　日・タイ四百年史』時事通信社、一九七八年。

深田祐介『大東亜会議の真実』ＰＨＰ新書、二〇〇四年。

村嶋英治『ピブーン　独立タイ王国の立憲革命』岩波書店、一九九六年。

吉川利治『泰緬鉄道　機密文書が明かすアジア太平洋戦争』同文舘、一九九四年。

Nigel J. Brailey, 1986, *Thailand and the Fall of Singapore : A Frustrated Asian Revolution*, Westview Press.
E. Bruce Reynolds, 1994, *Thailand and Japan's Southern Advance 1940-1945*, Macmillan.
William L. Swan, 1986, *Japanese Economic Activity in Siam : From the 1890's until the Outbreak of the Pacific War*, The South East Asian Review Office, Bihar, India.
Anan Phibunsongkhram, 1975, Chomphon Po. Phibunsongkhram,

Charvit Kasetsiri, 1974, "The First Phibun Government and Its Involvement in World War II", *Journal of Siam Society,* No. 62 (2).

Sir Josiah Crosby, 1973, *Siam : The Crossroads,* New York, AMS Press (Reprint of the 1945 ed.).

Direk Chaiyanam, 1970, *Thai kap songkhram lok khrang thi song,* Thai Watthana phanit.

Flood Thadeus E. 1967, "Japan's Relations with Thailand : 1928 - 41", Ph. D. Dissertation, University of Washington.

Narathipphaphongpraphan, 1979, *Chumnum phraniphon,* Krom Sinlapakon.

Phanit Ruamsin, 1978, "Nayobai kanphatthana setthakit samai ratthaban chomphon po. Phibunsongkhram tangtae pho. so. 2481 thung pho. so. 2487. [Field Marshal P. Pibulsonggram's Policy of Economic Development from 1939 to 1944]", M. A. Thesis, Chulalongkorn University.

Pridi Phanomyong, 1978, *Lakthan samkhan bang prakan kiao kap sathana songkhram khong prathet thai nai rawang songkhram lok khrang thi song phak thi nung.*

Sotsai Khantiworaphong, 1977, "Prathet thai kap panha indochin khong farangset : 1937 - 1947 [Thailand and The French Indochina Question ; 1937 - 1947]", M. A. Thesis, Chulalongkorn University.

Thaemsuk Numnon, 1978, *Muang thai samai songkhram lok khrang thi song,* Duangkamon.

Thani Sukkasem, 1979, "Khwam samphan rawang thai kap jipun samai songkhram lok khrang thi song [Thai - Japanese Relations during the Second World War 1939 - 1945]", M. A. Thesis Srinakharinwirot University.

Thiamchan Amwaeo, 1978, "Botbat thang kanmuang lae kanpokkhrong khong chomphon po. Phibunsongkhram (pho.so. 2475 - 2487) [The Role of Field Marshal Pibul Songgram in Thai Politics (A. D. 1932 - 1944)]", M. A. Thesis, Chulalongkorn University.

Luang Wichitwatthakan, 1950, Lang chak prakat songkhram, *Chittawitthaya kanmuang,* Nakhonsan.

第二章

防衛庁防衛研修所戦史室『戦史叢書　シッタン・明号作戦　ビルマ戦線の崩壊と泰・仏印の防衛』朝雲新聞社、一九六九年。

防衛庁防衛研究所戦史部編『史料集　南方の軍政』朝雲新聞社、一九八五年。

中村明人『駐泰四年回顧録』防衛省防衛研究所、未公刊資料、一九五七年。

中村明人『ほとけの司令官　駐タイ回想録』日本週報社、一九五八年。

伊藤隆・廣橋眞光・片島紀男編『東条内閣総理大臣機密記録　東条英機大将言行録』東京大学出版会、一九九〇年。

『朝日新聞』「昭和天皇と五〇年　徳川侍従長の証言」一九九五年八月一一日付。

山田朗『大元帥・昭和天皇』新日本出版社、一九九四年。

小西健雄『泰作戦記録』復員局、未公刊資料。

西野順治郎『新版　日・タイ四百年史』時事通信社、一九七八年。

第三章

Ekkasan kongbanchakan thahan sungsut 2/3,（タイ国立公文書館、国軍最高司令部文書）以下 Bo.ko.sungsut 2/3. などと略す。
Bo. ko. sungsut 2.1/2.
Bo. ko. sungsut 2/67.
Bo. ko. sungsut 2/327.
Bo. ko. sungsut 2/393.
Bo. ko. sungsut 2/427.

Bo. ko. sungsut 2.6.2/31.

倉沢愛子「米穀問題に見る占領期の東南アジア　ビルマ、マラヤの事情を中心に」倉沢愛子編『東南アジア史のなかの日本占領』早稲田大学出版部、一九九七年。

藤島健一『激動する戦争の裏ばなし（我が回顧録）』国際印刷有限公司、バンコク、一九七七年。

古田元夫「ベトナム現代史における日本占領」倉沢愛子編『東南アジア史のなかの日本占領』早稲田大学出版部、一九九七年。

防衛庁防衛研究所戦史部編『史料集　南方の軍政』、朝雲新聞社、一九八五年。

第四章

タイ国立公文書館所蔵「国軍最高司令部文書」
タイ国立公文書館所蔵「総理府文書」
外務省外交史料館所蔵「外交文書」
A-7-0-0-9-3-1『大東亜戦争関係一件「タイ」国問題　日、泰進駐協定並日泰同盟条約関係』
M-1-1-0-7『大東亜省設置関係一件第一巻　大東亜省機構関係』
『大東亜省設置関係一件第一巻　東亜省設置ニ関係セル本省在外公館間電報』
Direk Chaiyanam,1970, *Thai kap songkhram lok khrangthi 2*, Thai watthana phanit,『タイと第二次世界大戦』
Ditsaphong anuson, 1966, phim nai ngan sadet phraratchadamnoen phraratchathan phloeng sop phontho momchao Phisitditsaphong Ditsakun na meru na phlapphla itsariyaphon wat thepsirintharawat, 7 mithunayon 2509.『モームチャオ・ピシットディッサポン・ディッサクン中将追悼録』
Khonthi Supphamonkhon, 1994, *Kan withesobai khong thai rawang phutthasakkarat 2483 thung 2495*, Post publishing, 2537

（1994）．『タイの外交政策：1940-1952』
Thacmsuk Numnon, 1985, *Kanthut samai rattanakosin*, Thai watthana phanit, 2528.『ラタナコーシン朝時代の外交』
村嶋英治「日タイ同盟とタイ華僑」『アジア太平洋研究』（成蹊大学）第一三号、一九九六年。
吉川利治『泰緬鉄道　機密文書が明かすアジア太平洋戦争』同文舘、一九九四年。

タイ語版訳者「あとがき（謝辞）」

タンマサート大学教授
アートーン・フンタンマサーン

アートーン・フンタンマサーン氏

『戦争期日タイ友好協定』〔タイ語版書名の直訳〕の著者である吉川利治先生から信頼され、本書の翻訳を任されたことは大変光栄なことである。本書は、大阪外国語大学名誉教授でタイ語とタイ日関係史研究の専門家である吉川先生が執筆された四つの論考からなっている。これらの論考は、タイ・日本・西欧の諸研究の成果に加え、日本語とタイ語の第一次資料を使って執筆されたもので、大変高い学術的価値を有している。

多岐にわたる内容の論考を収録した本書は、題名が示すように第二次世界大戦時の多様なタイ日関係のあり方を考察しており、タイ日両国が同盟を結ぶようになった理由や両国の政策をタイ日双方の観点から検討したものである。

東南アジア地域における日本軍の軍事行動に便宜を図るよう強制あるいは説得するために、日本がどのようにタイ政府に圧力をかけたのか、あるいはタイ政府の歓心を買おうとしたのか。

国土が残忍な血の海に染まることを避けるためにタイは自国の独立や主権をどの程度失ったのか、あるいは事実上日本軍の支配下にあったなかで、どのように日本に反抗したり抵抗したりしていたのか。タイが同盟国として日本に協力していたときに、タイ側の重要な指導者、特に当時首相であったピブーン元帥が、国家の主権や威信を守るため、どのような改善策をとったのか。また、戦後タイが敗戦国に、そしてピブーン元帥が戦争犯罪人にならなかった内的・外的要因とはどのようなものであったのか。当時のタイの指導者たちは、どのような政治的・外交的手腕を使って、国家に戦争被害が及ぶのを一定程度避けることができたのか。様々な障害を乗り越えてきたピブーン元帥が、戦時に宿敵となった日本になぜ政治亡命し、そこで亡くなったのか。これは物事の転変の不思議、運命のいたずらである。

現在の視点からは、タイと日本との間の協力関係は、決して望まれたものでなかったと見られるであろう。しかし、その時期の状況下ではタイの指導者はそうせざるを得なかったのであり、不可抗力な状態にあった。本書で著者は、中立的な視点からこれらの状況を検討し、信頼できる資料に基づいて、その因果関係を提示している。「大東亜戦争」期におけるタイ日関係は、ある面では建設的であり、ある面では教訓的であり、そしてある面では歴史の傷跡である。これらのことすべてが、後世の者への良き教訓の事例となっており、それゆえ、当時のタイ日関係はひとつの文化的遺産であると言える。

今回の翻訳では、多くの方から協力を得て訳文の完成に至った。第一章のタイ側の資料のチェックでは、タイ史研究の専門家チャーンウィット・カセートシリ先生の協力をいただいた。著者の吉川先生には、各論考の訳文の詳細なチェックをしていただいた。また翻訳作業自体でも、タンマサート大学政治学部国際関係学専攻のワンニサー・マハーワタナさんの協力があり、第二章の一部はタンマサート大学教養学部歴史学科のニパーポーン・ラッタパタナークン先生が訳出されている。これら以外にも今回の本書の翻訳に関して、直接的・間接的な協力をいただいた方が多数いる。これらの方々にここで感謝の意を表したい。

二〇〇七年はタイ日修好一二〇周年記念の年にあたるが、マティチョン出版社が本書の価値をいち早く認め、タイ人読者が第二次世界大戦期に起きた様々な出来事とそれを生み出した諸要因について、よく理解できるよう、この機会に出版することは大変素晴らしいことである。

最後に、本書タイ語版で訳者に「あとがき」を書くようご助言いただいたチャーンウィット・カセートシリ先生に感謝を申し上げる。本書の翻訳が正確であり、読者にとって有益なものとなることを祈る。ただし、見落としや誤りがあるならば、それはひとえに訳者の責任である。

解説

大阪市立大学
早瀬　晋三

本書は、二〇〇九年暮れにタイのアユタヤで急逝された吉川利治先生の遺稿である。すでに二〇〇七年にタイ語で出版され、日本語版の出版にむけての改稿も終わりに近づいていたものと思われる。改稿にさいして、初出後の新たな知見を加えて加筆・訂正をしているのはもちろんのこと、一般読者にも読みやすいように註を削除し、必要なものを本文に組み入れている。また、それぞれの章が元々独立した論文であったために、論理上の必要から重複部分は残ったが、必要ないものは削除している。しかし、加筆・訂正後、推敲が充分におこなわれていない部分も残されており、語句の統一もまだされていなかった。技術上、可能なものは、原稿整理をした筆者（早瀬）の判断で手を加えたが、内容に関係するものはそのままにしたため、理解しづらいところが多少残ったかもしれない。お許し願いたい。

本書をタイ語で出版するきっかけになったのは、吉川利治先生がタイの大学に提出されたタイ人の博士論文の審査に加わったことだった。論文のなかに「日本占領下のタイ」という記述が何度も出てきたことに、驚いておられた。タイでは「大東亜戦争」という言い方がよくされるが、タイはその戦争の初期に日本と同盟を結んでイギリス・アメリカに宣戦布告した。タイの歴史教科書でも、次のように歴史事実に反することは書かれていないが、いっぱんにはすこし違ったアジア太平洋戦争中のタイと日本の関係がイメージされている〔『タイの歴史―タイ高校社会科教科書』明石書店、二〇〇二年、三〇四〜〇五頁〕。

タイは、枢軸軍の同盟国であった日本に、一九四一年一二月八日侵攻された。プレーク＝ピブーンソンクラーム率いるタイ政府は、日本軍がタイ領を通過しビルマとマレーへ向かうことを認めざるをえなかった。タイは、日本に対抗するだけの充分な力を持たなかったのである。

そしてタイは、自己防衛のために日本と同盟を結んだ。当時、東南アジア全域は、あまねく日本の勢力下に置かれていたのである。また、一九四二年一月二五日には英米に宣戦布告をした。このため、タイも連合軍の攻撃対象となった。

政府のこの決断によって、タイの一部の官僚、政治家、一般市民は国内外で反政府運動を開始した。この運動を、自由タイ運動という。この運動は、タイの独立を守り、英米が戦争に勝利してもタイが損害を被ることを防ぐことを目的としていた。

日本が降伏すると、摂政プリディー＝パノムヨンは、英米への宣戦布告は無効であると宣言した。しかしイギリスはこれを認めず、タイがイギリスに対し米一五〇万トンを送り、一五〇万ポンドの賠償金を支払うこと、さらに死の鉄道を買いとることで、両国間の交渉は成立した。またその後、さらにイギリスとインドに対する五二二万四二二〇ポンドの賠償金が追加された。

このように戦後のタイでは抗日運動を担った自由タイの功績が強調され、タイは外交力を発揮して敗戦国になることを免れ、一九四六年に国連に加盟することに成功した。さらに、アカデミー賞七部門で受賞した映画「戦場にかける橋」（一九五七年）で、戦争中に建設されたタイ（泰）とビルマ（緬甸、現ミャンマー）を結ぶ泰緬鉄道が「死の鉄道」として有名になると、建設労働に従事させられたイギリス人やオーストラリア人などの捕虜の関係者だけでなく、世界中から観光客が「死の橋」や連合国軍墓地のあるカーンチャナブリーなどを訪れるようになった。二〇〇三年にはイギリス人が中心となって建てられた博物館がオープンした。すでに一九九八年には、もっとも困難な建設現場のひとつでヘルファイアー・パスと呼ばれたところにオーストラリア人の係員が常駐する博物館がオープンしていた。泰緬鉄道という戦争遺跡は、タイにとって重要な観光資源になるとともに、旧連合国との友好に一役買っている。また、ASEANとしてのまとまりが強化されていくなかで、タイもほかの東南アジア諸国と同様の戦争体験をしたかのように錯覚し、さらに近年の中国との関係の深まりから中国の「反日」の影響を受ける者も出てきている。このような背景から、「日本占領下のタイ」という記述が博士論文にも出てきたものと思われるが、吉川先生にとっては見過ごすことができないことであった。

いっぽう、日本では「日本占領下の東南アジア」という表現が、研究者のあいだでもよく使われ、タイが独立国でアジアで唯一の日本の同盟国であったことを無視するような記述がままみられ、吉川利治先生は気にされていた。たとえ、日本側でもタイ側でも、事実上、タイは日本の占領下にあったようなものであったと感じていた者がいたとしても、日本政府や日本軍はほかの東南アジア諸国・地域と同じにはできなかったはずだ、それをあきらかにしておかなければならない、と言われていた。本書を読むと、日本側でも、とくに現地でタイ政府要人と接していた日本人は、それがよくわかっていたことがわかる。また、本書や泰緬鉄道に関する研究が、タイ側の視点でできるのは、同盟国タイとの外交関係があり、タイ国立公文書館には、タイ語文書だけでなく、日本が提出した日本語の文書が残されているからである。ビルマやフィリピンは戦局が悪化した一九四三年に独立を許されたが、このような豊富な史料は存在しない。日本の傀儡政権といわれたゆえんのひとつは、まともな外交史料が残されていないことにある。

タイの歴史を研究することは、ほかの東南アジア諸国・地域と比べて少なくともふたつの困難な問題がある。ひとつは、今日なお国王が世俗的な権力をも握っており、歴史においても王朝中心史観というものが存在していることである。そのため、公開されていない史料も多く、王朝を正当化する公定史観に異議を申し立てにくい状況がある。もうひとつは、タイが欧米列強の植民地にならなかったために、植民地支配の道具になった各種統計資料や行政資料が少ないことである。一九九一〜九三年に同朋舎から出版した『インドネシアの事典』『フィリピンの事典』『タイの事典』の編集会議で、吉川利治先生が漏らされたのが、「項目を立てるにあたって、インドネシアやフィリピンの例に追随するしかなかった」ということばだった。それだけ、タイは近代文献史学では捉えにくい面があるということだろう。それを日本は、同じ立憲君主制、同じ仏教国と安易に考えていた。

つねに日本とタイとの友好関係を願っていた吉川利治先生にとって、歴史事実は事実として理解することが真の友好に繋がるという思いがあった。日本人研究者として、日本とタイの両国に残された史料を駆使して歴史事実をあきらかにし、それを理解したうえで、友好関係を築いていって欲しいという願いがあった。

タイ語では、親友アートーン・フンタンマサーン先生のお蔭で、出版することができた。さらに、日本語で出版することによって、日本とタイの両国が共通の歴史認識をもつことで、さらなる友好関係を発展させていくことを期待されていた。

二〇〇四年にタイ側、二〇〇五年にミャンマー側の泰緬鉄道に関する遺跡を、吉川利治先生らといっしょに歩いた。文字通り、生き字引であられた吉川利治先生から学んだものの一端を、拙著『戦争の記憶を歩く東南アジアのいま』（岩波書店、二〇〇七年）としてまとめることができた。しかし、まとめるにさいして、ことばに表すことができない多くのことを学んだことを思い知らされた。そのひとつが、日本語だけで発表するのではなく、タイ人にも読んでもらえるものを発表することだった。拙者の英語版 *A Walk Through War Memories in Southeast Asia* (Quezon City : New Day Publishers, 2010) を出版したのも、吉川利治先生から学んだことを実行したにすぎない。またいっしょに歩いて、多くのことを学びたかったが、もはやそれができなくなった。書かれたものから学ぶしかない。

合　掌

謝辞

タイ語版「推薦文」やタイ語版訳者「あとがき」などのタイ語から日本語への翻訳に関して、大阪大学世界言語研究センターの村上忠良先生のお手をわずらわせた。記して感謝を申しあげます。また、出版事情の厳しいなか、本書に理解を示され、迅速に出版してくださった雄山閣の宮田哲男社長、実際に編集を担当してくださった羽佐田真一さんに感謝を申しあげます。

「大東亜戦争」期の日本・タイ関係年表

年	月　日	事　　　項
1939	9月3日	ヨーロッパにおいて第二次世界大戦勃発。タイは中立を宣言。
1940	6月12日	タイは東京で「日タイ友好和親条約」を締結し、英・仏とはバンコクで「相互不可侵条約」を締結。
	9月23日	日本軍が北部フランス領インドシナに進駐。
	11月25日	タイ・フランス領インドシナ国境紛争が発生。
1941	2月14日	日本は閣議で交通政策要綱を決定、東南アジアを含む「大東亜共栄圏」構築のための交通体系を目指す。
	3月11日	タイ・フランス領インドシナ国境紛争を日本が調停。
	4月1日	南タイのソンクラーに日本領事館開設。
	5月9日	「タイ・フランス平和条約」で、タイはラオスの2州とカンボジア西部の2州の失地回復なる。
	7月16日	北タイのチエンマイに日本領事館開設。
	7月28日	日本軍は南部フランス領インドシナに進駐。
	8月12日	ローズベルト米大統領とチャーチル英首相が大西洋上で会談し、米英共同宣言「大西洋憲章」を発表。
	8月16日	日本、タイ両国の公使館を大使館に昇格させる。坪上貞二大使着任。
	11月6日	総軍のひとつとして南方軍創設、総司令官に伯爵寺内寿一陸軍大将が親補される。
	11月18日	ピブーン・ソンクラーム首相が陸海空三軍の総帥に任命される。
	12月8日	「日本国軍隊ノ「タイ」国領域通過ニ関スル日本国「タイ」国間協定」により、日本軍がタイ領に進駐。
	12月10日	タイ国全土に戒厳令発令。
	12月14日	日タイ合同委員会を設立。「泰日協同作戦ニ関スル協定」を日本側が提案。タイは「北方軍」（パーヤップ軍）を設立、日本軍のビルマ作戦に協力。
	12月15日	日タイ同盟条約締結にさきだち、官僚の誓約と署名を約3,300名から集める。
	12月21日	「日本国タイ国間同盟条約」（日タイ同盟条約）の締結。
	12月23日	「日泰政府連絡所」をタイ国軍最高司令部に設置。日本軍との交渉の窓口とする。
1942	1月3日	秘密協定「日泰協同作戦ニ関スル協定」を締結。
	1月10日	南方軍野戦鉄道隊を編成。司令部をバンコクの国立競技場に置く。
	1月13日	「日泰協同作戦ニ関スル細部協定」を締結。
	1月18日	「タイ日広報小委員会」発足。毎週1回会合。
	1月25日	タイは閣議全員一致のもとで英米に宣戦布告。
	1月31日	タイは以下の県に「県合同小委員会」を設置。ソンクラー（ソンクラー部隊陸軍司令官、県知事）、カーンチャナブリー（ラーチャブリー部隊陸軍司令官、カーンチャナブリー県知事）、ピサヌローク（ピサヌローク部隊陸軍司令官、県知事）。
	2月15日	日本軍、シンガポールを占領。日本は「昭南」と改称。

年	月　日	事　　　項
1942	2月18日	タイは以下の県に「県合同小委員会」を設置。チエンマイ(チエンマイ部隊陸軍司令官、県知事)、ランパーン(ランパーン部隊陸軍司令官、県知事)、ナコーンサワン(ナコーンサワン部隊陸軍司令官、県知事)、ターク(ピサヌローク部隊陸軍司令官、ターク県知事)、スコータイ(ピサヌローク部隊陸軍司令官、スコータイ県知事)。
	3月8日	日本軍がビルマのラングーンを占領。
	3月23日	南方軍が泰緬鉄道の建設計画をタイ側に提示。
	4月21日	タイ・バーツと日本円の交換レートを100バーツ=155.70円から1バーツ=1円に変更。
	5月2日	日本、タイ両国の財務省が特別円決済に関する協定覚書を交換。
	5月26日	タイ北方軍がシャン州のケントゥンを占領。
	5月31日	タイはケントゥン地方を「サハラット・タイ・ヤイ」と名づけ、北方軍が軍政をとる。
	6月4日	日本軍がビルマに軍政をしく。
	6月7日	南方軍が泰緬連接鉄道の建設準備を命令。
	6月20日	大本営陸軍部が「泰緬連接鉄道建設要綱」を指示。
	6月23日	白人捕虜がはじめてバーンポーンに到着。
	6月28日	神谷支隊がビルマのタンビュザヤ駅にゼロ距離標を打ち込む。
	6月29日	タイは「軍用鉄道建設審議委員会」を設立。
	7月5日	坂元支隊がノーンプラードゥク駅にゼロ距離標を打ち込み、泰緬鉄道の建設が始まる。
	8月1日	日本軍、バー・モウ博士を長官とするビルマ中央行政府を設立させる。
	8月4日	タイは以下の県に「県合同小委員会」を設置。クラビー(県知事と海軍将校)、ラノーン(県知事と海軍将校)、パンガー(県知事と海軍将校)、プーケット(県知事と海軍将校)。
	8月21日	大東亜建設審議会が「アジア縦貫鉄道」を構想。
	9月16日	日本はタイと「泰緬甸連接鉄道建設ニ関スル協定」を締結。
	9月24日	シャン州の占領地域(サハラット・タイ・ヤイ)に軍政監を設置。ピン・チュンハワン少将が軍政監に任命される。
	10月13日	シンガポールの連合国捕虜がこの日以降バーンポーンにぞくぞくと到着。
	10月15日	タイは「県合同小委員会」を廃止し、「軍管区小委員会」に改組。全国7軍管区の司令官とその地区の内務省視察官が小委員となる。
	10月25日	泰緬鉄道建設実施に関する「大陸指」を発表。泰緬鉄道建設隊編成。司令官は島田宣力少将。
	11月1日	日本は拓務省を廃止し、大東亜省を新設。
	11月21日	タイは「軍用鉄道建設実行小委員会」を設立。小委員会はカーンチャナブリー県知事、ラーチャブリー県知事、バーンポーン郡、カーンチャナブリー郡、ターマカー郡、タームアン郡、トーンパープーム郡の各郡長と鉄道局技術課長からなる。

年	月　日	事　　　　項
1942	12月1日	タイは泰緬鉄道敷設地区の土地収用に関する勅令発布。有効期限5年間。公式に泰緬鉄道建設に着手。全長415㎞（タイ側304㎞、ビルマ側111㎞）。
	12月8日	タイは戒厳令第17条に基づき、鉄道建設に関する規定を定む。
	12月10日	タイ国立銀行の設立。
	12月18日	タイ僧侶への不敬行為が原因で、労務者が日本兵を襲い、日本軍鉄道部隊がバーンポーン警察署を襲撃した「バーンポーン事件」発生。
	12月21日	「タイ日合同憲兵隊」は、バンコク・トンブリー地区3か所に分隊を増設（サーラーデーン、中央病院前、トンブリー）。
1943	1月21日	タイ駐屯軍最高司令官として中村明人中将着任。
	1月22日	タイは「サハラット・タイ・ヤイ」（シャン州）を「サハラット・タイ・ドゥーム」と改称。
	2月1日	タイ駐屯軍は、サートーン通りの泰国中華総商会に司令部を置く。「義部隊」と呼ぶ。
	3月18日	タイは「同盟国連絡事務局」を設置。「日泰政府連絡所」、「タイ日広報小委員会」は廃止する。
	3月23日	タイ国軍最高司令部はタイ全土を戦闘地域に規定。
	4月1日	タイ国軍最高司令部は物価統制令を発布。
	4月12日	マラヤ人労務者の第1陣がバーンポーンに到着。
	5月31日	「クラ地峡横断鉄道建設ニ関スル協定」調印。
	6月15日	「クラ地峡横断鉄道建設ニ関スル協定第四条ニ依ル第一次細部協定」調印。タイが「クラ地峡横断鉄道建設実行委員会及び小委員会」を設置。
	6月19日	タイが「サハラット・タイ・ドゥーム」に行政府・司法府の設置。
	7月3日	東条英機首相がバンコクを訪問。
	7月4日	東条首相、ピブーン首相と会見。「友好関係強化と領土割譲に関する共同声明」を発表。
	8月1日	日本はバー・モウ博士を国家元首としてビルマを独立させる。
	8月14日	ケベック会議で、東南アジアから日本軍を駆逐するための作戦司令部「東南アジア司令部」の設置を決め、司令部をセイロン（スリランカ）に置く。
	8月16日	南方軍野戦鉄道司令部司令官石田榮熊中将が第二鉄道監を兼任し、南方軍鉄道隊司令官として着任。
	8月20日	マラヤ北部4州とシャン州ケントゥン地区・ムアン・パーン地区をタイに割譲する日タイ条約調印。
	8月～9月	ピブーン首相、ペッチャブーンを視察。首都移転計画。
	10月2日	マラヤ北部統括の軍政監長官と4州に軍政監を置く。
	10月14日	シャン州のムアン・パーンが日本軍より割譲され、タイ領の「サハラット・タイ・ドゥーム」に編入。
	10月25日	泰緬鉄道完成。コンコイター駅でタイ・ビルマ連結。

年	月　日	事　　　　項
1943	11月5日～6日	ピブーン首相、「大東亜会議」に欠席。ワンワイタヤーコーン親王が代理として参加。
	11月9日	マラヤ4州の軍政監をタイ国軍最高司令官に直属させる。
	12月8日	タイは鉄道局を国軍最高司令官直属の軍鉄道部とし、全線を軍の管理下に置く。
	12月25日	クラ地峡横断鉄道完成式挙行。
1944	3月	「自由タイ」地下活動者のタイ潜入が始まる。
	4月9日	坪上貞二大使離任。
	7月20日	タイ政府のペッチャブーン首都建設に関する緊急勅令法案、国会で36対48で否決。
	7月22日	タイ政府のサラブリーの仏都（プッタモントン）建設に関する緊急勅令法案、国会で41対43で否決。
	7月30日	ビルマのビクトリアポイント駐屯部隊がラノーン市を占領。日本軍がタイに陳謝。
	8月1日	クワン・アパイウォン内閣成立。
	8月24日	ピブーン元帥、国軍最高司令官を解任される。ポット・パホンヨーティン大将が国軍最高司令官に任命される。
	9月4日	山本熊一大使着任。
	12月8日～12日	カーンチャナブリー地方は連合国軍の大空襲を受ける。
1945	3月9日	日本軍、フランス領インドシナを武力処理（明号作戦）。軍政を施行。
	7月15日	第一八方面軍が編成され、中村明人が司令官に就く。
	8月15日	日本降伏。
	8月16日	プリーディー・パノムヨン摂政、タイの英米宣戦布告を無効と公表。
	8月17日	クワン内閣、総辞職。
	8月31日	タウィー・ブンヤケート内閣成立。
	9月1日	在タイ日本大使館、バンコク総領事館、ソンクラー、チエンマイ、バッタンバン、プーケットの各領事館の職務停止。
	9月2日	タイが「日泰同盟連絡事務局」を廃止。
	9月4日	イギリスが戦後賠償として21か条をタイに要求。
	9月22日	タイは「サハラット・タイ・ドゥーム」に関する布告を廃止。

（筆者作成）

写真出典一覧

写真１　『一億人の昭和史　日本の戦史７　太平洋戦争１』（毎日新聞社、1978年）184頁
写真２　同上、125頁
写真３　筆者撮影
写真４　筆者撮影
写真５　『一億人の昭和史　日本の戦史７　太平洋戦争１』187頁
写真６　同上、185頁
写真７　同上、227頁
写真８　同上、236頁
写真９　筆者撮影

【タ～ト】

地　名　索　引

プラヤー・ハッサディン　35
プラヤー・パホン（プラヤー・パホンポンパユハセーナー）（中佐、首相）21, 82
プラヤー・マノーパコーン（プラヤー・マノーパコーンニティターダー）（首相）19, 21
プラユーン・パモーンモントリー（文部大臣、大佐）41, 65, 132, 135, 141
プリーディー（プリーディー・パノムヨン）（ルアン・プラディットマヌータム）（内務大臣、蔵相）1, 20〜22, 32, 36, 42, 53, 60, 83, 183
プロムヨーティー（副首相）77
ポット・パホンヨーティン（大将）183
【マ〜モ】
前田（少佐）132
町尻量基（中将）75
マンコーン・プロムヨーター（中将）42, 53
三原新三（農学博士）21
宮川（通訳）140
森大尉（憲兵）141
モームチャオ・チットチャノク・クリーダーコーン（中佐）150
モームチャオ・ピシットディッサポン・ディッサクン（中佐、大佐、殿下）134, 145, 147, 150, 162
守屋精爾（大佐、少将）36, 40, 41, 72, 131, 135, 141, 143, 146
【ヤ・ヨ】
矢田部保吉（公使）20, 21
矢原（中佐）135
山田國太郎（参謀長、少将）82, 146, 147
山本熊一（大使）83, 100, 183
吉岡（少佐）131, 135
【ラ〜レ】
ラウレル博士（フィリピン）61
ラーマ八世　2, 44, 53
ラーマ四世モンクット王　162
ルアン・ウィチットワータカーン（外相）50, 52〜54, 85, 86
ルアン・シントゥソンクラームチャイ（司令官）21
ルワン・ウィチットソンクラーム（少将）135
ルワン・サムデーンピッチャーチョート（大佐）135
ルワン・ピニットアクソーン　131
ルワン・プラシットユッタシン（少将）135
ルワン・ヨートアーウット（大佐）135
レピシエ、ポール（フランス公使）26
ローズベルト（アメリカ大統領）180
【ワ】
ワニット・パーナノン（国際貿易局長）28, 37, 40, 41, 43, 135
ワンワイタヤーコーン（親王、殿下）（プラウォーラウォンター・プラオンチャオ・ワンワイタヤーコーン）29, 61, 80, 88, 131, 183

索　引

人名索引

※タイでは、1912年の姓名法の発布以来、一般の人々も姓を持つようになったが、日常的に用いるのは姓ではなく、名である。また、チャオプラヤー、プラ、プラヤー、モームチャオ、ルアン、ルワンは官位である。ここでは、官位を含め、本文に出てくる通りに50音順に並べた。

著者紹介

吉川　利治（よしかわ　としはる）

1939年　大阪市生まれ
1962－64年　タイ国立チュラーロンコーン大学文学部留学
1963年　大阪外国語大学タイ語学科卒業
1964年　大阪外国語大学タイ語学科助手
1985年　大阪外国語大学地域文化学科タイ語専攻教授
1987－89年　京都大学東南アジア研究センター客員教授
1994－95年　東南アジア史学会会長
2002年　タイ国立シンラパコーン大学文学部客員教授
2005年　大阪外国語大学名誉教授
2009年　タイ国アユタヤで急逝

＜主要著書＞

『アユタヤ』（共編訳）（タイ国トヨタ財団、2007年）
『当てにならぬがばかにできない時代：タイの社会と文化』（編訳）（NTT出版、2000年）
『泰緬鉄道：機密文書が明かすアジア太平洋戦争』（単著）（同文舘、1994年）
『タイの事典』（共編）（同朋舎、1993年）
『近現代史のなかの日本と東南アジア』（編著）（東京書籍、1992年）
『タイのむかし話：ストン王子とマノーラー姫ほか』（編訳）（偕成社、1990年）
『日・タイ交流六〇〇年史』（共著）（講談社、1987年）
『タイの小説と社会：近代意識の流れを追う』（編訳）（井村文化事業社／勁草書房発売、1985年）
『タイ国概説』（単著）（大阪外国語大学タイ語学研究室、1966年）

2010年11月30日　初版発行　　　　《検印省略》

同盟国《どうめいこく》タイと駐屯《ちゅうとん》日本《にほん》軍《ぐん》
―「大東亜戦争《だいとうあせんそう》」期《き》の知《し》られざる国際関係《こくさいかんけい》―

著　者　吉川利治
発行者　宮田哲男
発行所　株式会社 雄山閣
〒102-0071　東京都千代田区富士見2-6-9
ＴＥＬ　03-3262-3231㈹／ＦＡＸ　03-3262-6938
ＵＲＬ　http://www.yuzankaku.co.jp
e-mail　info@yuzankaku.co.jp
振　替：00130-5-1685
印　刷　株式会社日本制作センター
製　本　協栄製本株式会社

ISBN978-4-639-02160-5 C0022